"温州指数"编制、影响因素及应用研究

徐小华 著

中国财经出版传媒集团
经济科学出版社
Economic Science Press

图书在版编目（CIP）数据

"温州指数"编制、影响因素及应用研究/徐小华著.
—北京：经济科学出版社，2019.5
ISBN 978-7-5218-0410-2

Ⅰ.①温… Ⅱ.①徐… Ⅲ.①民间经济团体-金融机构-研究-温州 Ⅳ.①F832.755.3

中国版本图书馆 CIP 数据核字（2019）第 054532 号

责任编辑：申先菊　赵　悦
责任校对：隗立娜
版式设计：齐　杰
责任印制：邱　天

"温州指数"编制、影响因素及应用研究
徐小华　著
经济科学出版社出版、发行　新华书店经销
社址：北京市海淀区阜成路甲 28 号　邮编：100142
总编部电话：010-88191217　发行部电话：010-88191522
网址：www.esp.com.cn
电子邮件：esp@esp.com.cn
天猫网店：经济科学出版社旗舰店
网址：http://jjkxcbs.tmall.com
北京季蜂印刷有限公司印装
710×1000　16 开　9.5 印张　150000 字
2019 年 5 月第 1 版　2019 年 5 月第 1 次印刷
ISBN 978-7-5218-0410-2　定价：89.00 元
(图书出现印装问题，本社负责调换。电话：010-88191510)
(版权所有　侵权必究　打击盗版　举报热线：010-88191661
QQ：2242791300　营销中心电话：010-88191537
电子邮箱：dbts@esp.com.cn)

前 言

温州金融改革是温州民间金融风波发生后,是在国务院原总理温家宝亲自关怀下实行的。作为温州市金融综合改革(简称温州金改)的成果之一,温州指数在提升民间借贷价格透明度,合理引导民间融资走向方面取得了明显的成效,特别是在2013年9月发布"温州指数"信息系统以来,温州指数实现了对民间借贷利率走势的有效监测,逐渐成为民间融资的"风向标",指数应用价值的"溢出效应"十分明显,并在司法实践中得到了应用。

本书从温州实际情况出发,首先研究了温州指数项目建设与编制的背景、国内外各种主要经济指数的介绍和编制经验;然后提出了温州指数(地区)的编制方案、模型构建方法;在此基础上,根据温州地区指数的经验,提出温州中国民间融资综合利率指数的方案和模型构建方法、提出温州指数的发布和维护方案;并对温州指数的应用价值方面进行了实证研究,最后对其未来发展和应用价值提升方面提出了相关的政策建议。

本书是笔者作为温州金改"百人计划"的成员,参与"温州指数"与研究生、本科生团队在国家社会科学基金(16BJY165)资助下的研究成果部分总结,具体的研究成果分为9章,现简要叙述如下:

第1章主要内容为温州指数的背景及构成,介绍了温州指数的编制与发布背景,国内外的主要经济指数及编制方案,并详细阐述了温州指数的定义及构成。

第 2 章主要内容为温州地区民间融资综合利率指数编制方案和测算模型，详细介绍了：（1）温州地区民间融资综合利率数据采集方案及特征分析；（2）温州地区民间融资综合利率指数编制方案；（3）温州地区民间融资综合利率指数交叉权重法；（4）温州地区民间融资综合利率指数测算模型；（5）温州地区民间融资综合利率指数发布方案。

第 3 章主要介绍了温州·中国民间融资综合利率指数编制方案与测算模型，其内容章节分为如下部分：（1）温州·中国民间融资综合利率指数理论基础与编制原则；（2）监测点布局与数据采集原则；（3）温州·中国民间融资综合利率指数交叉权重法；（4）温州·中国民间融资综合利率指数测算模型；（5）温州·中国民间融资综合利率指数发布方案。

第 4 章为国内外文献评述，主要从民间金融利率与宏观经济的作用机制、民间借贷利率的变动规律、民间借贷利率的特征、地区性风险监测模型四个方面进行国内外的文献综述总结。

第 5 章为温州指数发展现状及问题，在分析了温州民间金融发展现状，温州民间借贷市场利率现状的基础上说明了当前温州民间金融主要存在的问题。

第 6 章主要研究了温州指数的变动影响因素，其章节内容分为以下几部分：（1）供给成本对温州指数的影响；（2）经济变量对温州指数的影响；（3）温州指数变动因素实证分析；（4）主要货币政策工具对民间借贷利率指数的影响；（5）不同经济环境影响下的比较研究。

第 7 章主要内容是温州指数的宏观价值研究，主要包括温州指数利率期限结构的信息价值与金融改革前后的信息价值比较。

第 8 章为温州指数的利差应用研究，分为两部分内容：第一部分为民间借贷与正规金融利差的应用研究；第二部分为温州指数与 P2P 网贷指数利差的应用研究。

前　言

当前，温州指数已经正常运行近七年，受到各界相关人士的关注，然而，在运行和应用实践中也存在着一些问题。

因此最后一章第 9 章，指出了本书存在的问题，并在数据采集和模型完善方面，在应用价值的进一步挖掘和提升以及影响力提升等方面相应的给出了一系列具体建议。

希望本书对政府、投资者、研究人员有所裨益。

目 录

第1章 温州指数背景介绍及构成 　1
    1.1 温州指数的编制与发布背景 　1
    1.2 国内外的主要经济指数及其编制方案介绍 　2
    1.3 温州指数的定义 　7
    1.4 温州指数的构成 　8

第2章 温州地区民间融资综合利率指数编制参考方案与测算模型 　10
    2.1 温州地区民间融资综合利率数据采集参考方案及特征分析 　10
    2.2 温州地区民间融资综合利率指数编制参考方案 　13
    2.3 温州地区民间融资综合利率指数交叉权重法 　13
    2.4 温州地区民间融资综合利率指数测算参考模型 　20
    2.5 温州地区民间融资综合利率指数发布参考方案 　23

第3章 温州·中国民间融资综合利率指数编制参考方案与测算模型 　25
    3.1 温州·中国民间融资综合利率指数理论基础与编制原则 　26
    3.2 监测点布局与数据采集原则 　27
    3.3 温州·中国民间融资综合利率指数交叉权重法 　30

3.4　温州·中国民间融资综合利率指数测算参考模型　　32
　　3.5　温州·中国民间融资综合利率指数发布参考方案　　34

第4章　国内外文献评述　　35
　　4.1　民间金融利率与宏观经济的作用机制　　35
　　4.2　关于民间借贷利率的变动规律的研究　　36
　　4.3　民间借贷利率的特征及信息研究　　38
　　4.4　地区性风险监测模型研究　　42

第5章　温州指数发展现状和问题　　47
　　5.1　温州民间金融发展现状　　47
　　5.2　温州民间借贷市场利率现状分析　　59
　　5.3　温州民间金融存在的问题　　61

第6章　温州指数的变动影响因素研究　　64
　　6.1　供给成本对温州指数的影响　　64
　　6.2　经济变量对温州指数的影响　　65
　　6.3　温州指数变动因素实证分析　　67
　　6.4　主要货币政策工具对民间借贷利率指数的影响　　71
　　6.5　不同经济环境影响下的比较研究　　78

第7章　温州指数的宏观信息价值研究　　86
　　7.1　温州指数利率期限结构的信息价值　　86
　　7.2　金融改革前后的信息价值比较　　94

第8章　温州指数的利差应用研究　　109
　　8.1　民间借贷与正规金融利差的应用研究　　109
　　8.2　温州指数与P2P网贷指数利差的应用研究　　115

第 9 章　温州指数未来发展建议　　　　　　　　**119**
　　9.1　温州指数现状　　　　　　　　　　　　　119
　　9.2　存在的问题　　　　　　　　　　　　　　120
　　9.3　对策与建议　　　　　　　　　　　　　　121

附录 A　温州指数变动的因素分析数据　　　　　124
附录 B　温州指数的利差应用研究数据　　　　　127
附录 C　门限协整估计的 EViews 程序　　　　　129
参考文献　　　　　　　　　　　　　　　　　　135
后记　　　　　　　　　　　　　　　　　　　　140

第1章
温州指数背景介绍及构成

1.1 温州指数的编制与发布背景

改革开放以来，温州经济发展迅速，被视为温州奇迹。同时，主要靠地缘、血缘关系民间借贷活动也十分活跃，这种主要靠民间借贷发展经济的模式被学界视为"温州模式"。然而，2008年发生全球金融危机，中央紧急启动了4万亿元资金[①]，温州经济出现了过热现象，中小企业融资需求强烈，中小微企业融资难问题显现，因此，民间借贷盛行，借贷利率居高不下，甚至出现局部的非法集资现象，由于全球经济不景气，温州实体经济的利润不能覆盖高息的民间借贷成本，2011年以来，温州发生了许多商人"跑路"现象，民间金融风波显现，民间借贷泡沫趋于破灭。

在这种背景下，国务院于2012年3月28日批准设立温州金融综合改革试验区，温州金融综合改革将浙江省和温州市推向了一个更高发展阶段的新起点。作为民营经济最为发达、民间资本最为充裕、民间金融最为活跃的地区之一，如何做好金融"民"字文章，则彰显改革特色、助推金融创新、服务地方经济社会发展，温州责无旁贷。改革开放以来，温州民间资本对解

---

① 资料来源：温家宝主持召开国务院常务会议研究部署进一步扩大内需促进经济平稳较快增长的措施[EB/OL].（2008-11-09）[2019-03-10]. http://www.gov.cn/dhd/2008-11/09/content_1143689.html.

决多层次资金需求,弥补金融机构信贷不足,加速社会资金总量扩充流动,起到了积极作用。长期以来,由于各方面的原因,民间融资市场借贷乱象丛生,信息不对称和监管缺失等问题突出,亟须加以正确的引导和规范。因此,建立健全民间利率监测体系、定期发布温州民间融资利率指数,是温州金融综合改革的一项重要任务,也是规范发展民间融资的一项重要举措。

为完成金改的任务并及时准确地反映温州民间融资市场资金价格趋势和波动情况,预警提示民间金融风险,为温州民间金融市场提供一个"风向标",进而改善和优化民间融资市场资源配置,引导民间资本走向规范化和阳光化,温州市政府金融办于2012年12月7日公布了"温州指数"即温州民间融资综合利率指数。我们可以通过这一指数,实现以下目标:一是直观、定量地反映温州民间融资市场有关指标的供需关系和融资成本趋势;二是及时测度资金松紧状况,可以为货币政策的制定提供一些参考依据;三是有利于相关部门掌握社会资金真实的供求状况,及时发现风险苗头,采取应对措施,防止民间借贷演变成高利贷纠纷,进而影响地方金融稳定。

温州民间融资综合利率指数(以下简称"温州指数")编制与发布对于推进温州金融综合改革具有积极的意义:一是它可以直观、定量地反映民间融资市场资金价格趋势等情况,引导民间资本定价,为民间融资双方投资决策提供依据;二是它能够及时反映民间融资市场运行状况和各类动态信息,为监管层防范金融风险,制定出台相关调控政策提供支撑;三是从更深层面讲,它能够及时测度民间资金松紧状况以及实际资金价格,为制定出台相关政策提供参考。

1.2 国内外的主要经济指数及其编制方案介绍

国内外市场现在已经有许多不同于经济相关的指数,最为著名的就是股票指数,其中道琼斯股票指数已经有100多年的历史,我国有上证指数,香港恒生指数等。首先,作为一种金融利率指数,与温州指数类似的主要有:伦敦同业拆借利率(London Interbank Offered Rate,Libor)与上海银行间同

第1章 温州指数背景介绍及构成

业拆放利率（Shanghai Interbank Offered Rate, Shibor）。其次，温州作为一个区域，与其相关的还有一些区域指数。我国许多地区特别是浙江地区专业市场发达，为了及时反映专业市场的价格主体趋势并争夺市场定价权，许多专业市场也推出了相应的区域市场指数，如义乌·中国小商品指数、绍兴柯桥纺织指数、中国·海宁皮革指数、中国·寿光蔬菜指数等，这些指数的构建方法与运行模式对温州指数具有一定的借鉴意义，以下作简要介绍。

1. Libor

伦敦同业拆借利率（Libor）。它是由英国银行家协会（British Bankers' Association，BBA）负责计算和对外发布，是大型国际银行愿意向其他大型国际银行借贷时所要求的利率。它是在伦敦银行内部交易市场上的商业银行对存于非美国银行的美元进行交易时所涉及的利率。Libor 常常作为商业贷款、抵押、发行债务利率的基准。

其计算过程依然由供应商每天通过向有资格的入选金融机构咨询有关报价，然后按照各银行的报价进行排序，选取中间 50% 数据处理，最后在每天伦敦当地时间中午 11 点 30 分进行公布，一般被指定报价的机构都是当今一流的银行。

为了保证公正性，BBA 随时监督 Libor 利率的整个计算过程，并可根据具体情况，在经过慎重考虑后，通过约定的程序更改 Libor 计算方式。当在某些突发情况下无法按照通常方法确定 Libor 利率时，BBA 将会根据 BBA 集团和市场参与者的利益，努力确定出一个合理的临时替代利率。BBA 还负责对 Libor 仲裁银行提供的 Libor 期望利率进行监督。如果某家银行违背了公平公正的精神，BBA 将会要求其给出合理的解释，并根据判断决定是否将其剔除出仲裁小组。一旦剔除，BBA 将尽快找到一个它的替任者，并及时公布于众。

2. Shibor

上海银行间同业拆放利率（Shibor），从 2007 年 1 月 4 日开始正式运行，标志着中国货币市场基准利率培育工作全面启动。Shibor 的建设有利于进一步促进金融机构提高自主定价能力，指导货币市场定价，完善货币政策的传导机制，推进利率市场化。中国人民银行成立 Shibor 工作小组，依据《上海银行间同业拆放利率（Shibor）实施准则》确定和调整报价银行团成员、监督和管理 Shibor 运行、规范报价行与指定发布人行为。全国银行间同业拆借中心受权 Shibor 的报价计算和信息发布。

Shibor 以位于上海的全国银行间同业拆借中心为技术平台计算、发布并命名，报价银行是公开市场一级交易商或外汇市场做市商，在中国货币市场上人民币交易相对活跃、信息披露比较充分的 18 家商业银行。是由信用等级较高的银行组成报价团自主报出的人民币同业拆出利率计算确定的算术平均利率，是单利、无担保、批发性利率。每个交易日根据各报价行的报价，剔除最高、最低各 2 家报价，对其余报价进行算术平均计算后，得出每一期限品种的 Shibor，并于当地时间 11：30 对外发布。目前，对社会公布的 Shibor 品种包括隔夜、1 周、2 周、1 个月、3 个月、6 个月、9 个月及 1 年。

Shibor 的推出，促进了我国货币市场的快速发展。目前，Shibor 与货币市场的发展已经形成了良性互动的格局。Shibor 在市场化产品定价中得到广泛运用，确立了货币市场基准利率的地位。

3. 义乌·中国小商品指数

"义乌·中国小商品指数"简称"义乌指数"。中华人民共和国商务部负责其立项、论证、验收和发布，并授权义乌市政府组织可行性研究和指数的编制工作。该指数由浙江工商大学统计科学研究所和现代商贸研究中心、恒生电子股份有限公司、浙江中国小商品城集团股份有限公司联合研发，于 2006 年 10 月在"2006 中国义乌国际小商品博览会"上宣布正式对外发布。它是依据统计指数与统计评价理论，采用多层双向加权合成指数编制方法，选择一系列反映义乌小商品批发市场运行状况的指标进行综合处理，用以全面反映义乌小商品价格和市场景气活跃程度的综合指数，主要由小商品价格指数和小商品市场景气指数及若干单独监测指标指数构成。

"义乌·中国小商品指数"是一个完整的指数体系，由价格指数、景气指数和监测指标指数三部分 23 个分项指数构成，如图 1.1 所示。

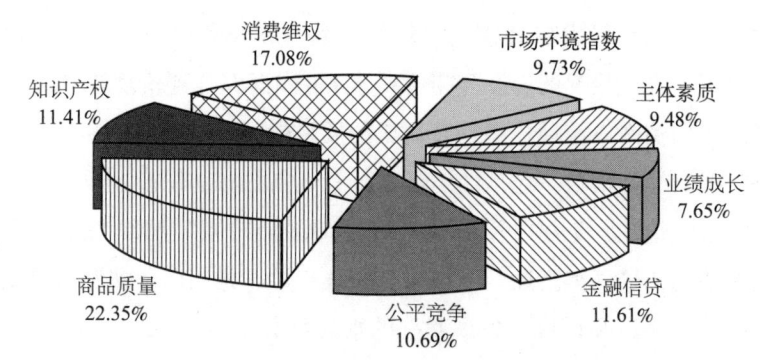

图1.1 "义乌·中国小商品指数"分类构成示意

资料来源：http://www.ywindex.com.

"义乌·中国小商品指数"的对外发布，更好地确立了义乌中国小商品城在全球小商品批发行业的龙头地位和信息中心地位，强化了义乌小商品行情对全球小商品行业的影响力，扩大了义乌市场的知名度，为提升义乌小商品市场的国际形象和国际竞争力作出了巨大贡献，对推动义乌小商品市场再创辉煌业绩，促进义乌经济新的腾飞等方面具有重要意义。

4. 柯桥纺织指数

柯桥纺织指数于2007年10月21日起正式对外发布。由国家商务部、绍兴市柯桥区人民政府和中国轻纺城建设管理委员会联合编制、发布，依托中国轻纺城编制发布的，由纺织品价格指数、纺织品景气指数和纺织品外贸指数三部分组成。价格指数每周发布一次，每星期一中午发布上周价格指数；景气指数每月发布一次，每月1日中午发布上月景气指数；出口指数每月发布一次。柯桥纺织指数是综合反映中国轻纺城市场及绍兴轻纺产业发展状况的一个完整的指数体系，由一系列分类指数构成。

（1）纺织品价格指数。它是在科学的商品分类基础上，选择有代表性的商品，采集其成交价格、成交量、成交金额等数据的编制反映轻纺市场经营纺织品的价格变化情况的指数。包括原料指数、坯布指数、服装面料指数、家纺指数、服饰辅料指数。

（2）纺织景气指数。它是在科学的商品分类基础上，构建综合指标体系（主要由反映市场发展规模、市场经营效益、经营户信心指标和反映产业状况及行业景气状况的一系列指标构成），依据综合评价理论和方法，建立多层次多结构嵌入统计模型计算而成的反映中国轻纺城市场和绍兴轻纺产业发展状况的综合指数。包括纺织品市场景气指数和纺织产业景气指数。纺织品市场景气指数，是用以反映和监测"中国轻纺城"纺织品批发市场运行及发展状况的景气类指数。纺织产业景气指数，是用以反映和监测绍兴轻纺产业（包括生产和销售）发展状况的景气类指数。

（3）纺织品出口指数。它是以绍兴县主要纺织出口企业为采样点，采集若干主要出口品种的价格、成交额和经济效益等资料编制的反映柯桥纺织品市场外贸行情的综合指数。包括纺织品出口价格指数和纺织品出口景气指数。

（4）纺织订单指数。它是以采样范围内的企业和经营户填报的纺织订单金额为依据计算的用以反映纺织品生产和经营者接受订单业务变化情况的指数。

柯桥指数不仅能够全面反映和监测柯桥中国轻纺市场和轻纺加工企业生产与外贸发展状况，而且突出了重点，体现了特色。为提高柯桥的知名度和其在轻纺领域的定价权奠定了基础。

5. 中国·海宁皮革指数

中国·海宁皮革指数是中国皮革业的首个行业指数，其编制框架主要由价格指数、市场景气指数、皮革商品流行度指数、皮革企业创新活力指数以及若干单项检测指标等五部分组成。其指数的研发和编制不仅得到了相关部门领导和行业协会的大力支持，也得到了海宁中国皮革城以及广大皮革企业的积极响应。目前，已经有200余家商户正式成为该指数信息的采集点，覆盖包括雪豹、蒙努等知名品牌以及一些具有代表性的中小规模商户。该指数不仅关注皮革商品价格态势和皮革市场整体的景气状态，还关注皮革行业新品的发布态势，以及皮革商品的流行趋势。

6. 中国·寿光蔬菜指数

中国·寿光蔬菜指数网（www.sgvindex.com）于2011年4月20日开

通，中国·寿光蔬菜指数在国内尚属首家蔬菜方面的指数，该指数用以全面反映蔬菜价格和市场活跃程度，对全国蔬菜交易有一定指导意义。正式公布之前已试运行数月的寿光蔬菜指数分为价格指数和物流指数，其中价格指数选择有代表性的蔬菜，采集其成交价格、成交量、成交金额等数据编制的反映寿光蔬菜交易价格变化趋势的指数；而物流指数是综合与市场蔬菜交易量有关的多项指标编制的全面反映蔬菜物流量变化趋势的指数。

上述指数的编制与发布运行经验对温州指数的建设具有一定的参考价值，对本书的推进和完成也有一定的借鉴意义。

1.3　温州指数的定义

温州民间融资利率指数是对不同融资主体、不同融资产品在不同融资期限内的利率进行综合统计的结果。它是反映一定时期内民间融资价格变动情况及趋势的一套指数体系，包括不同融资平台、融资期限、融资方式的利率水平与趋势等。温州民间融资综合利率指数（简称"温州指数"）是由温州市人民政府主办、温州市金融办具体负责编制的用于反映某一区域一定时期内民间融资价格水平及变动趋势情况的一套指数体系。2012 年 12 月 7 日，温州地区民间融资利率指数（即温州本土利率指数）由温州市金融办正式对外发布，2013 年 1 月 1 日起实行"按日发布"。2013 年 6 月 28 日，温州·中国民间融资综合利率指数（即全国版指数）正式进行内部试发布。两指数共同构成温州指数内涵体系，旨在为温州乃至全国民间融资市场提供一个"风向标"，提升民间融资价格透明度，进而改善和优化民间融资市场资源配置。"温州指数"是根据统计指数与统计评价理论，采用主、客观综合加权合成指数编制方法，对全国范围内和温州地区不同融资主体、不同融资产品在不同融资期限内的利率进行综合统计的结果[1]。

---

[1] 温州指数网站 http：//www.wzpfi.gov.cn。

1.4 温州指数的构成

"温州指数"体系由温州地区民间融资综合利率指数和温州·中国民间融资综合利率指数构成,如图1.2所示。

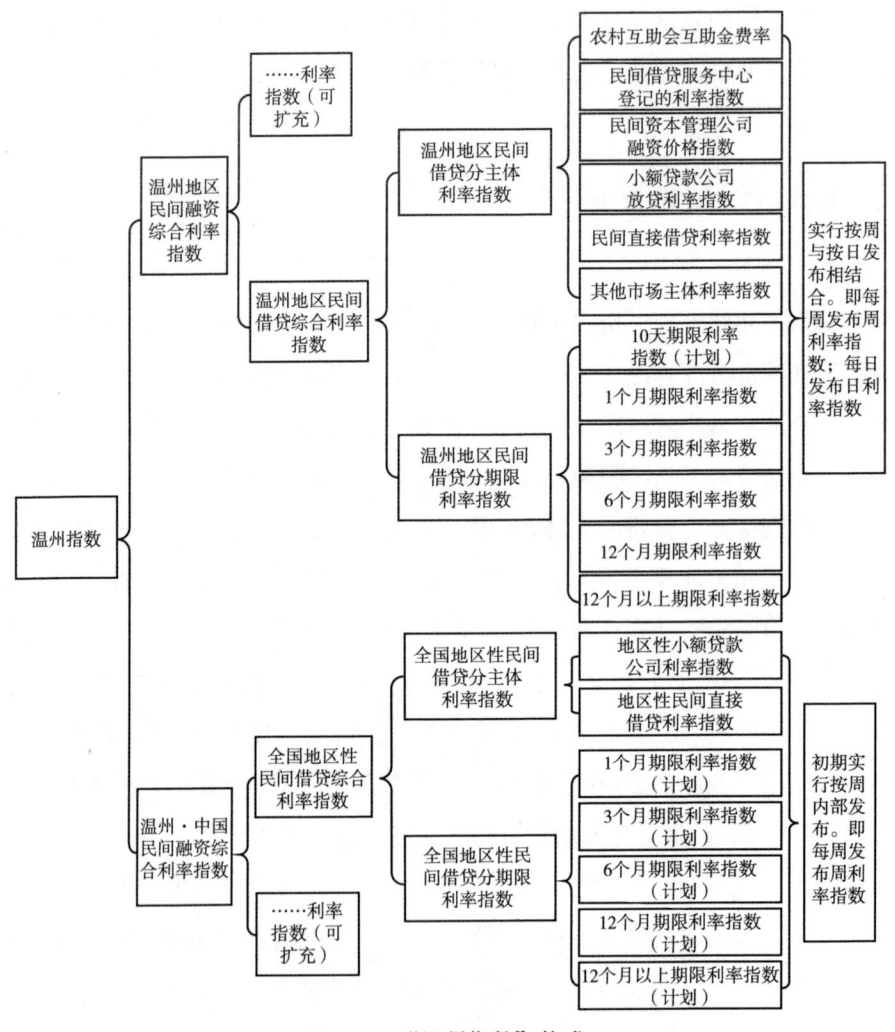

图1.2 "温州指数"构成

资料来源:温州指数网站 http://www.wzpfi.gov.cn。

其中，温州地区民间融资综合利率指数包括：温州地区不同融资主体民间借贷利率指数，用于揭示某一时期从小额贷款公司、融资性担保公司、典当行、民间资本管理公司、民间借贷登记服务中心等机构融资的价格及变动趋势；温州地区不同融资期限民间借贷利率指数，包括10天、1个月、3个月、6个月、1年、1年以上等不同融资期限区间的融资价格及变动趋势；温州地区综合不同融资主体和融资期限的民间借贷利率指数，反映了当前温州地区民间融资利率的总体水平及变动趋势。

温州·中国民间融资综合利率指数包括：全国地区性不同融资主体民间借贷利率指数，用于揭示某一时期从小额贷款公司、融资性担保公司、典当行、民间资本管理公司、民间借贷登记服务中心等机构融资的价格及变动趋势；全国地区性不同融资期限民间借贷利率指数，包括1个月、3个月、6个月、1年、1年以上等不同融资期限区间的融资价格及变动趋势；全国地区性综合不同融资主体和融资期限的民间借贷利率指数，反映了当前全国地区性民间融资利率的总体水平及变动趋势。

第 2 章
温州地区民间融资综合利率指数编制参考方案与测算模型

温州地区民间融资利率指数是对温州市管辖领域不同融资主体、不同融资产品在不同融资期限内的利率进行综合统计的结果。它是反映一定时期内民间融资价格变动情况及趋势的一套指数体系，包括不同融资平台、融资期限、融资方式的利率水平与趋势等。

因此，需要综合应用包括金融学、管理学、概率统计学、运筹学以及计算机科学等学科，针对温州地区民间融资利率交易数据进行归纳与建模。温州地区民间融资利率指数采用客观权重和主观权重交叉综合计算的方法来计算权重，同时分别计算不同融资主体、不同融资期限及综合不同融资主体与期限三大类指数，以实现其准确性、实时性、科学性、完备性等特征。

2.1 温州地区民间融资综合利率数据采集参考方案及特征分析

1. 样本空间

温州民间融资利率指数的样本空间由下列主体组成：

（1）在温州行政区域内注册登记，且经营范围符合国家法律、法规和规章的规定，最近一年无重大违法违规行为的小额贷款公司、融资性担保公

第 2 章　温州地区民间融资综合利率指数编制参考方案与测算模型

司、典当行、民间资本管理公司、民间借贷登记服务中心等机构。

（2）在温州行政区域内注册登记或户籍在温州市，且在温州行政区域内有合法民间融资事实的企事业法人或自然人。

2. 监测布局

民间融资利率的监测点采取"收入方监测"（即对资金出借方进行监测，数据采集相对方便，但准确度不高）与"支出方监测"（即对资金借入方进行监测，数据采集相对较难，但准确度高）相结合的方式进行规划布局。

先按被监测主体划分若干监测类别，每个监测类别分别确定一个监测责任主体，作为一级监测点；再在每个监测类别里分别设置若干监测点，作为二级监测点。二级监测点应定期将实际发生的民间融资交易相关信息如实上报一级监测点，一级监测点计算样本数据并上报各自类别的监测结果。具体监测布局与数据采集方法如下：

（1）一级监测点的确定。将被监测主体按小额贷款公司、典当行、融资性担保公司、民间资本管理公司、民间借贷登记服务中心、企业、自然人划分为 7 类监测类别。小额贷款公司、民间资本管理公司由温州市金融办作为监测责任主体；典当行由温州市商务局作为监测责任主体；融资性担保公司由温州市经信委作为监测责任主体；民间借贷登记服务中心其本身即为监测责任主体；企业由其所在的行业协会作为监测责任主体；自然人由浙江省农村信用社联合社驻温办事处作为监测责任主体。上述监测责任主体分别为各自类别的一级监测点。

（2）二级监测点的确定。将现有的近 40 家小额贷款公司、7 家民间资本管理公司、1 家民间借贷登记中心作为温州市金融办的二级监测点；在全市范围内各抽选 30 家典当行、融资性担保公司分别作为温州市商务局和温州市经信委的二级监测点；选择 8 家行业协会，并各抽选 10 家企业（共 80 家企业）作为行业协会的二级监测点；选择 30 家农信社（农合行）网点作为省联社驻温办事处的二级监测点。

（3）定期调整监测点及监测样本时，每次调整比例一般不超过10%。

（4）采集方法。小额贷款公司、民间资本管理公司、典当行、融资性担保公司、民间借贷登记中心、企业等二级监测点根据实际发生的民间融资交易填写"温州市民间融资利率等信息采集表"定期报送一级监测点；农信社（农合行）网点主要由信贷员进行调查采集，定期上报相关采集样本至一级监测点。企业和农信社（农合行）的样本数据不包括经民间借贷登记服务中心这一平台撮合的交易。指数编制起草小组以及业务指导组将定期抽查核实一级监测点计算的监测结果，见表2.1所示。

表2.1　　　　　　　　温州市民间融资利率等信息采集

填报单位（盖章）：						填报日期：　　年　　月　　日	
序号	发生日期	借出方	借入方	融资方式	融资期限	融资金额	融资利率（月利率，‰）	其他
1								
2								
……								

注：（1）借出方与借入方简填"单位行业"或个人，无需具体名称或名字。
（2）"发生日期"填写合同签订日期，便于抽查核实。
（3）"融资方式"填写：信用、车辆抵押、房产抵押、股权质押、知识产权质押、保证等。
（4）"贷款期限"填写：3个月以内、3至6个月、6个月至1年、1年以上。
（5）行数不够可自行增加。

3. 数据特征

温州地区民间融资综合利率指数具有数据准确度较高、数据类型全面、地区覆盖面广等特点。

目前，温州地区民间融资综合利率指数已建立监测点超过400个，涉及民间借贷服务中心、小额贷款公司、民间资本管理公司、部分实体企业、农信社（农合行）受托监测网点、典当行、担保公司、农村互助会等类型，每周采集的样本量超过1000笔，基本上涵盖了民间融资市场各类参与主体和各类民间融资行为，保证了数据类型的全面性；同时，温州地区民间融资综合利率指数的检测覆盖了温州地区所有县市，保证数据来源对温州地区的全面覆盖性。

2.2 温州地区民间融资综合利率指数编制参考方案

基于上述分析，为了最大限度地体现温州地区民间融资行为的特征，并为政府及融资主体提供全面准确的民间融资信息及政策参考，温州地区民间融资综合利率指数将从不同融资主体民间借贷利率指数（包括小额贷款公司、民间资本管理公司、民间借贷登记服务中心、直接借贷、农村资金互助会以及其他借贷主体等机构融资）、温州地区不同融资期限民间借贷利率指数（包括1个月、3个月、6个月、1年、1年以上等不同融资期限区间）和不同融资主体的不同融资期限民间借贷利率指数出发建立相关指数，并在此基础上建立温州地区民间融资综合利率指数。

2.3 温州地区民间融资综合利率指数交叉权重法

1. 主客观交叉权重法

考虑到温州地区民间融资综合利率指数构成内容的多样性及数据的全面性，计算温州地区民间融资综合利率指数是对民间融资利率价格的一个综合评价，是一个多指标决策问题。综合评价则是利用数学方法（包括数理统计方法）对一个复杂系统的多个指标信息进行加工和提炼，以求得其优劣等级的一种评价方法。多指标综合评价方法研究已较成熟，主要的评价方法有：层次分析加权法（Analytic Hierarchy Process，AHP）、相对差距和法、主成分分析法（Principal Component Analysis，PCA）、TOPSIS法（Technique for Order Preference by Similarity to an Ideal Solution）、秩和比法值综合评价法（RSR）、全概率评分法、人工神经网络、简易公式评分法、蒙特卡罗模拟综合评价法，模糊综合评判法，灰关联聚类法，因子分析法（FA），功效函数法，综合指数法，密切值法等。

在多属性（指标）决策问题中，权重问题的研究占有重要的地位，因为权重的合理性直接影响着多属性决策排序的准确性。为了使多个指标合成的综合评价值能够反映被评价方案的优劣情况，应该对各项指标赋予不同的权重。权重系数是指在一个领域中，对目标值起权衡作用的数值。权重系数可分为主观权重系数和客观权重系数。主观权重系数（又称经验权数）是指人们对分析对象的各个因素，按其重要程度，依照经验，主观确定的系数。这类方法人们研究的较早，也较为成熟，但客观性较差。客观权重系数是指经过对实际发生的资料进行整理、计算和分析，从而得出的权重系数。

鉴于温州地区民间融资综合利率指数的特征及主客观赋权方法的优缺点，采用主观赋权方法和客观赋权方法相结合的赋权方法对温州地区民间融资综合利率指数进行编制建模。主观赋权方法和客观赋权方法相结合的赋权方法是在计算各项指标客观权重的基础上结合决策者给出的主观权重，利用有关公式计算指标的综合权重。计算客观权重的方法主要有主成分分析法、熵权法、标准差法等。主成分分析法、标准差法虽然公式不一样，但是基本思想是一致的：即认为差异程度越大的指标越重要，因为从统计学的角度看，偏差大的指标更能反映各方案的差异。对某一指标而言，假定各方案都取相同的数值，那么这项指标对于决策者选择方案就不能提供任何有用的信息。主观赋权方法很多，有层次分析法，德尔菲法等，其实质是决策者根据经验主观确定各项指标的权重。鉴于以上分析，温州地区民间综合融资利率指数权重计算的主观权重法采用德尔菲法，客观权重计算采用主成分分析法。

温州地区民间综合融资利率指数的权重系数构成，如图 2.1 所示。

第 2 章　温州地区民间融资综合利率指数编制参考方案与测算模型

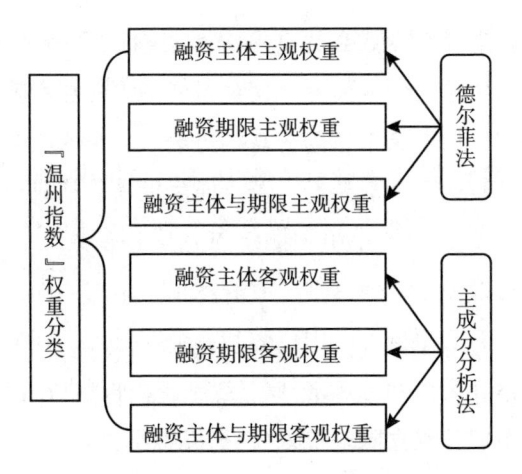

图 2.1　温州地区民间综合融资利率指数的权重系数构成

2. 德尔菲法

德尔菲法（Delphi Method），是采用背对背的通信方式征询专家小组成员的预测意见，经过几轮征询，使专家小组的预测意见趋于集中，最后做出符合市场未来发展趋势的结论。德尔菲法又称专家规定程序调查法，该方法主要是由调查者拟订调查表，按照既定程序，以函件的方式分别向专家组成员进行征询；而专家组成员又以匿名的方式（函件）提交意见。经过几次反复征询和反馈，专家组成员的意见逐步趋于集中，最后获得具有很高准确率的集体判断结果。

德尔菲法本质上是一种反馈匿名函询法，其大致流程是：在对所要预测的问题征得专家的意见之后，进行整理、归纳、统计，再匿名反馈给各专家，再次征求意见，再集中，再反馈，直至得到一致的意见。德尔菲法是一种利用函询形式进行的集体匿名思想交流过程。相对于其他专家预测方法，德尔菲法具有以下特点：

（1）匿名性。因为采用这种方法时所有专家组成员不直接见面，只是通过函件交流，这样就可以消除权威的影响。匿名是德尔菲法的极其重要的特点，从事预测的专家彼此互不知道其他有哪些人参加预测，他们是在完全匿名的情况下交流思想的。后来改进的德尔菲法允许专家开会进行专题讨论。

（2）反馈性。该方法需要经过3~4轮的信息反馈，在每次反馈中使调查组和专家组都可以进行深入研究，使得最终结果能够反映出专家的基本想法和对信息的认识，所以结果较为客观、可信。小组成员的交流是通过回答组织者的问题来实现的，一般要经过若干轮反馈才能完成预测。

（3）统计性。最典型的小组预测结果是反映多数人的观点，少数派的观点至多概括地提及一下，但这并没有表示出小组的不同意见的状况。而统计回答却不是这样，它报告1个中位数和2个四分点，其中一半落在2个四分点之内，一半落在2个四分点之外。这样，每种观点都包括在这样的统计中，避免了专家会议法只反映多数人观点的缺点。

德尔菲法的工作流程大致可以分为四个步骤，在每一步中，组织者与专家都有各自不同的任务。

（1）开放式的首轮调研。

①由组织者发给专家的第一轮调查表是开放式的，不带任何限制，只是提出预测问题，请专家围绕预测问题提出预测事件。因为，如果限制太多，会漏掉一些重要事件。

②组织者汇总整理专家调查表，归并同类事件，排除次要事件，用准确术语提出一个预测事件的一览表，并作为第二步的调查表发给专家。

温州地区民间融资综合利率指数主体权重调查，德尔菲法调查第一轮调查表设计见表2.2所示。

表2.2　"温州地区民间融资综合利率指数"主体权重调查（第一轮）

填表要求：请各位专家根据提供的背景材料及各自搜集的材料对温州地区民间融资综合利率指数主体权重进行设定，说明设定的依据并提供相关材料。

背景材料：

主体名称	权重	依据
小额贷款公司		
民间资本管理公司		
民间借贷服务中心		

第2章 温州地区民间融资综合利率指数编制参考方案与测算模型

续表

主体名称	权重	依据
农村互助会		
其他市场主体		

新增材料：

（2）评价式的第二轮调研。

①专家对第二步调查表所列的每个事件作出评价。例如，说明事件发生的时间、争论问题和事件或迟或早发生的理由。

②组织者统计处理第二步专家意见，整理出第三张调查表。第三张调查表包括事件、事件发生的中位数和上下四分点，以及事件发生时间在四分点外侧的理由。

温州地区民间融资综合利率指数主体权重调查，德尔菲法调查第二轮调查表设计见表2.3所示。

表2.3　温州地区民间融资综合利率指数主体权重调查（第二轮）

填表要求：请各位专家根据提供的背景材料及第一轮调查结果对温州地区民间融资综合利率指数主体权重结果进行评价，说明评价的依据并提供相关材料。

温州地区民间融资综合利率指数主体权重影响因素总结：

主体名称	权重平均值	权重中位数	权重上四分位数	权重下四分位数	评价（专家填写）	理由（专家填写）
小额贷款公司						
民间资本管理公司						
民间借贷服务中心						
农村互助会						
社会直接借贷						
其他市场主体						

总体评价意见：

（3）重审式的第三轮调研。

①发放第三张调查表，请专家重审争论。

②对上下四分点外的对立意见做一个评价。

③给出自己新的评价（尤其是在上下四分点外的专家，应重述自己的理由）。

④如果修正自己的观点，也应叙述改变理由。

⑤组织者回收专家们的新评论和新争论，与第二步类似地统计中位数和上下四分点。

⑥总结专家观点，形成第四张调查表。其重点在争论双方的意见。

温州地区民间融资综合利率指数主体权重调查，德尔菲法调查第三轮调查表设计见表2.4所示。

表2.4　温州地区民间融资综合利率指数主体权重调查（第三轮）

填表要求：请各位专家根据背景材料及第一轮和第二轮调查结果的基础上对温州地区民间融资综合利率指数主体权重进行重新设定，并说明理由。

温州地区民间融资综合利率指数主体权重影响因素总结：

主体名称	原权重平均值	原权重中位数	原权重上四分位数	原权重下四分位数	新权重（专家填写）	理由（专家填写）
小额贷款公司						
民间资本管理公司						
民间借贷服务中心						
农村互助会						
社会直接借贷						
其他市场主体						

意见说明：

（4）复核式的第四轮调研。

①发放第四张调查表，专家再次评价和权衡作出新的预测。是否要求作出新的论证与评价，取决于组织者的要求。

②回收第四张调查表，计算每个事件的中位数和上下四分点，归纳总结各种意见的理由以及争论点。

需要注意的是，并不是所有被预测的事件都要经过四步。有的事件可能在第二步就达到统一，而不必在第三步中出现；有的事件可能在第四步结束后，专家对各事件的预测也不一定都是达到统一。不统一也可以用中位数与上下四分点来作结论。

对于温州地区民间融资综合利率指数主体权重，若是第二、第三轮达到意见统一，取第三轮专家设定权重的平均值即可；若不统一，则可以重复第二、第三轮的调查，直到获取满意结果为止。

3. 主成分分析法

权重选取的客观方法采用主成分分析法（PCA）。主成分分析法是一种数学变换的方法，它把给定的一组相关变量通过线性变换转成另一组不相关的变量，这些新的变量按照方差依次递减的顺序排列。在数学变换中保持变量的总方差不变，使第一变量具有最大的方差，称为第一主成分，第二变量的方差次大，并且和第一变量不相关，称为第二主成分。依次类推，I 个变量就有 I 个主成分。

其中 L_i 为 p 维正交化向量（$L_i * L_i = 1$），Z_i 之间互不相关且按照方差由大到小排列，则称 Z_i 为 X 的第 i 个主成分。设 X 的协方差矩阵为 $\sum$，则 $\sum$ 必为半正定对称矩阵，求特征值 λ_i（按从大到小排序）及其特征向量，可以证明，λ_i 所对应的正交化特征向量，即为第 i 个主成分 Z_i 所对应的系数向量 L_i，而 Z_i 的方差贡献率定义为 $\dfrac{\lambda_i}{\sum \lambda_j}$。通常要求提取的主成分的数量 k 满足 $\dfrac{\sum \lambda_k}{\sum \lambda_j} > 0.85$。

其基本思想是希望用较少的变量去解释原来资料中的大部分变量，将我们手中许多相关性很高的变量转化成彼此相互独立或不相关的变量。通常是选出比原始变量个数少，能解释大部分资料中变量的几个新变量，即所谓主成分，并用以解释资料的综合性指标。由此可见，主成分分析法实际上是一种降维方法。一般有以下分析步骤：

数据标准化；求相关系数矩阵；一系列正交变换，使非对角线上的数值0，加到主对角上；得特征根 x_i（即相应主成分引起变异的方差），按照从大到小的顺序把特征根排列；求各个特征根对应的特征向量；用下式计算每个特征根的贡献率 V_i：$V_i = x_i / (x_1 + x_2 + \cdots\cdots)$ 根据特征根及其特征向量解释主成分的意义。在社会调查中，对于同一个变量，研究者往往用多个不同的问题来测量一个人的意见。这些不同的问题构成了所谓的测度项，它们代表一个变量的不同方面。主成分分析法被用来对这些变量进行降维处理，使它们"浓缩"为一个变量，称为因子。因子得分大小可以得到衡量变量所占的权重，这对处理经济指数中的权重问题非常有效。

2.4 温州地区民间融资综合利率指数测算参考模型

由德尔菲法和主成分分析法获得相关权重之后，可以建立温州地区民间融资综合利率指数计算模型。首先定义模型符号，见表2.5所示。

表2.5 温州地区民间融资综合利率指数计算模型符号说明

主体名称		融资金额	融资利率	融资利息	权重	指数
借贷服务中心		L_1	r_1	I_1	w_1	$PLPI_1$
民间资本管理公司		L_2	r_2	I_2	w_2	$PLPI_2$
其他社会主体		L_3	r_3	I_3	w_3	$PLPI_3$
小额贷款公司		L_4	r_4	I_4	w_4	$PLPI_4$
直接借贷		L_5	r_5	I_5	w_5	$PLPI_5$
借贷服务中心	1个月	L_{11}	r_{11}	I_{11}	w_{11}	$PLPI_{11}$
	3个月	L_{12}	r_{12}	I_{12}	w_{12}	$PLPI_{12}$
	6个月	L_{13}	r_{13}	I_{13}	w_{13}	$PLPI_{13}$
	12个月	L_{14}	r_{14}	I_{14}	w_{14}	$PLPI_{14}$
	12个月以上	L_{15}	r_{15}	I_{15}	w_{15}	$PLPI_{15}$

第2章　温州地区民间融资综合利率指数编制参考方案与测算模型

续表

主体名称		融资金额	融资利率	融资利息	权重	指数
民间资本管理公司	1个月	L_{21}	r_{21}	I_{21}	w_{21}	$PLPI_{21}$
	3个月	L_{22}	r_{22}	I_{22}	w_{22}	$PLPI_{22}$
	6个月	L_{23}	r_{23}	I_{23}	w_{23}	$PLPI_{23}$
	12个月	L_{24}	r_{24}	I_{24}	w_{24}	$PLPI_{24}$
	12个月以上	L_{25}	r_{25}	I_{25}	w_{25}	$PLPI_{25}$
其他社会主体	1个月	L_{31}	r_{31}	I_{31}	w_{31}	$PLPI_{31}$
	3个月	L_{32}	r_{32}	I_{32}	w_{32}	$PLPI_{32}$
	6个月	L_{33}	r_{33}	I_{33}	w_{33}	$PLPI_{33}$
	12个月	L_{34}	r_{34}	I_{34}	w_{34}	$PLPI_{34}$
	12个月以上	L_{35}	r_{35}	I_{35}	w_{35}	$PLPI_{35}$
小额贷款公司	1个月	L_{41}	r_{41}	I_{41}	w_{41}	$PLPI_{41}$
	3个月	L_{42}	r_{42}	I_{42}	w_{42}	$PLPI_{42}$
	6个月	L_{43}	r_{43}	I_{43}	w_{43}	$PLPI_{43}$
	12个月	L_{44}	r_{44}	I_{44}	w_{44}	$PLPI_{44}$
	12个月以上	L_{45}	r_{45}	I_{45}	w_{45}	$PLPI_{45}$
直接借贷	1个月	L_{51}	r_{51}	I_{51}	w_{51}	$PLPI_{51}$
	3个月	L_{52}	r_{52}	I_{52}	w_{52}	$PLPI_{52}$
	6个月	L_{53}	r_{53}	I_{53}	w_{53}	$PLPI_{53}$
	12个月	L_{54}	r_{54}	I_{54}	w_{54}	$PLPI_{54}$
	12个月以上	L_{55}	r_{55}	I_{55}	w_{55}	$PLPI_{55}$
农村互助会	1个月	L_{61}	r_{61}	I_{61}	w_{61}	$PLPI_{61}$
	3个月	L_{62}	r_{62}	I_{62}	w_{62}	$PLPI_{62}$
	6个月	L_{63}	r_{63}	I_{63}	w_{63}	$PLPI_{63}$
	12个月	L_{64}	r_{64}	I_{64}	w_{64}	$PLPI_{64}$
	12个月以上	L_{65}	r_{65}	I_{65}	w_{65}	$PLPI_{65}$

如表 2.5 所示，$PLPI$ 表示温州指数，L 表示融资金额，r 表示融资利率，I 表示融资利息，w 表示权重；$PLPI_m$ 表示第 m 个融资主体的指数，L_m 表示第 m 个融资主体的融资金额，r_m 表示第 m 个融资主体的融资利率，I_m

表示第 m 个融资主体的融资利息，w_m 表示第 m 个融资主体的权重。

$PLPI_{mn}$ 表示第 m 个融资主体中第 n 个融资期限的温州指数，L_{mn} 表示第 m 个融资主体中第 n 个融资期限的融资金额，r_{mn} 表示第 m 个融资主体中第 n 个融资期限的融资利率，I_{mn} 表示第 m 个融资主体中第 n 个融资期限的融资利息，w_{mn} 表示第 m 个融资主体中第 n 个融资期限的权重；借贷服务中心、民间资本管理公司、其他社会主体、小额贷款公司、直接借贷分别为融资主体 m，m 分别为 1、2、3、4、5；1、3、6、12、12＋个月借融资限分别为融资期限 n，n 分别为 1、2、3、4、5，据此，可建立温州地区民间融资综合利率指数权重及计算模型。

（1）不同融资主体不同融资期限的温州地区民间融资综合利率指数，第 $m(m=1,\cdots,6)$ 个融资主体中第 $n(n=1,\cdots,5)$ 个融资期限的温州指数 $PLPI_{mn}$ 为：

$$PLPI_{mn}=\frac{I_{mn}}{L_{mn}} \qquad (2.1)$$

（2）不同融资主体温州地区民间融资综合利率指数，第 $m(m=1,\cdots,6)$ 个融资主体的温州指数 $PLPI_m$ 为：

$$PLPI_m=\frac{I_m}{L_m} \qquad (2.2)$$

（3）不同融资主体的温州指数 $PLPI$ 为：

$$PLPI = PLPI_m \cdot w_m \qquad (2.3)$$

其中 w_m 为专家打分法和主成分分析法所得权重综合计算得到，设 w'_m 和 w''_m 分别为专家打分法和主成分分析法计算得到的第 m 个融资主体的权重。

（4）综合权重计算方法为：

$$w_m=\frac{w'_m+w''_m}{2} \qquad (2.4)$$

（5）不同融资期限的温州地区民间融资综合利率指数可以采用不同融资主体的温州指数计算方法。

（6）综合不同融资主体与融资期限的温州指数 $PLPI^*$ 为：

$$PLPI^* = PLPI_{mn} \cdot w_{mn} \qquad (2.5)$$

其中 w_{mn} 为综合不同融资主体与融资期限的交叉权重,可有不同融资主体的综合权重和不同融资期限的综合权重计算得到。设 w_m 和 w_n^t 分别为不同融资主体与不同融资期限的综合权重,则可计算得到交叉权重 w_{mn} 为:

$$w_{mn} = w_m \cdot w_n^t \tag{2.6}$$

其中,不同融资期限的综合权重 w_n^t 由专家打分法和主成分分析法所得到的权重计算得到,计算方法采用不同融资主体综合权重 w_m 的计算公式。

2.5 温州地区民间融资综合利率指数发布参考方案

温州地区民间融资综合利率指数发布内容包括四个部分。(1)不同融资主体不同融资期限民间借贷利率指数;(2)不同融资主体民间借贷利率指数(包括小额贷款公司、民间资本管理公司、民间借贷登记服务中心、直接借贷、农村互助会以及其他借贷主体等机构融资);(3)不同融资期限民间借贷利率指数(包括1个月、3个月、6个月、1年、1年以上等不同融资期限区间);(4)温州地区民间融资综合利率指数。发布方式和途径包括,实行"按周发布"与"按日发布"相结合,每周定期在温州指数、温州市金融办、温州民间借贷服务中心官方网站、温州网、温州以及相关协作城市有关媒体和温州指数公众微信等渠道发布周指数或日指数。其发布结果可参考表2.6、表2.7。

表 2.6　　　　　　　　温州地区民间融资综合利率指数发布

描述	指数名称	利率(%)	环比	环比涨跌值
按主体分类	民间借贷服务中心利率指数			
	小额贷款公司利率指数			
	民间资本管理公司利率指数			
	社会直接借款利率指数			
	其他市场主体利率指数			

续表

描述	指数名称	利率（%）	环比	环比涨跌值
按期限分类	1个月期限利率指数			
	3个月期限利率指数			
	6个月期限利率指数			
	12个月期限利率指数			
	12个月以上期限利率指数			
综合	温州民间融资利率指数			

发布时间：××××年××月

表2.7　温州地区民间融资综合利率指数分主体、期限利率指数

主体＼期限	1个月	3个月	6个月	12个	12个月以上	综合
民间借贷服务中心						
小额贷款公司						
民间资本管理公司						
社会直接借款						
其他市场主体						
综合						

发布时间：××××年××月

第3章
温州·中国民间融资综合利率指数编制参考方案与测算模型

温州·中国民间融资综合利率指数是指在温州民间融资利率编制的基础上，对国内与温州合作，自愿参与指数联盟的近几十个城市的不同融资主体、不同融资产品在不同融资期限内的利率进行综合统计的结果。它是反映一定时期内国内民间金融活跃的主要城市的民间融资价格变动情况及趋势的一套指数体系，包括不同融资平台、融资期限、融资方式的利率水平与趋势等。现阶段，温州·中国民间融资综合利率指数体系将由以下指数构成：一是分平台融资利率指数，用于揭示某一时期从小额贷款公司、融资性担保公司、典当行、民间资本管理公司、民间借贷登记服务中心等机构融资的价格及变动趋势；二是分期限融资利率指数，包括3个月以内、3个月至6个月、6个月至1年、1年以上等不同融资期限区间的融资价格及变动趋势。

因此，温州·中国民间融资综合利率指数同样是对不同融资主体、不同融资产品在不同融资期限内的利率进行综合统计的结果，需要综合应用包括金融学、管理学、概率统计学、运筹学以及计算科学等学科，针对参与指数联盟的各城市民间融资利率交易数据进行归纳与建模。温州·中国民间融资综合利率指数也采用客观权重和主观权重交叉综合计算的方法来计算权重，同时分别计算不同融资主体、不同融资期限及综合不同融资主体与期限三大类指数，以实现其准确性、实时性、科学性、完备性等特征。

3.1 温州·中国民间融资综合利率指数理论基础与编制原则

1. 统计理论基础

指数编制是统计学的主要内容之一。指数的编制涉及统计抽样理论与统计指数的计算理论。根据统计学理论，统计指数计算的前提，首先样本是确定的，其次样本必须有代表性、普遍性。指数的计算方法必须易理解、易操作和可程序化。指数的含义必须清晰，有一定的经济含义或者应用价值。

2. 编制原则

（1）坚持结果导向原则。要以"发布怎么样的指数、满足什么样的需求"这一结果作为指数编制的出发点，做好数据采集、指数计算的规划与设计，提高工作的效率和结果的实效。

（2）坚持严谨务实原则。指数的编制要立足现有工作条件和技术，以现实交易的数据为基础，既要体现可操作性，又要保证数据的真实性与准确性，能够满足多方需求。

（3）坚持先简后繁原则。指数编制是一项复杂的工作，涉及内容繁多，要进行科学的研究、设计和论证，先从简单的指数开始设计，随着工作的深入，逐步丰富各项指标。

（4）坚持科学监测原则。要科学设置民间融资价格监测点，涵盖民间融资各个参与主体，既有对资金出借方的监测，又有对资金借入方的监测，使监测的结果更能代表总体利率水平。

（5）坚持城市特色原则。要将各城市经济发展特点、民间融资特征融入到指数编制全过程，构建具有温州特色的全国民间融资利率指数。

第3章 温州·中国民间融资综合利率指数编制参考方案与测算模型

3.2 监测点布局与数据采集原则

1. 指数联盟城市的民间融资综合利率数据特征分析

由于指数联盟的参与城市较多，因此"指数联盟城市地区民间融资综合利率数据"具有地区覆盖面广的特点，然而由于各个城市存在民间金融发展状况差异、监管程度差异和数据采集能力的差异，因此，所采集的数据准确度参差不齐、数据类型也不太全面。温州·中国民间融资综合利率指数的数据监测采取"收入方监测"（即对资金出借方进行监测，数据采集相对方便，但准确度不高）与"支出方监测"（即对资金借入方进行监测，数据采集相对较难，但准确度高）相结合的方式进行规划布局，最大限度地保证数据来源的准确性。

目前，监测点涉及小额贷款公司、部分实体企业、农信社、典当行、担保公司等，考虑到数据的可获得性与统一性，当前全国联盟城市监测的数据暂时包括直接借贷和小额贷款公司借贷的数据，每周样本数据大概1000笔左右（包括温州市）[①]，这些数据基本上涵盖了联盟城市民间融资市场各类参与主体和各类民间融资行为，保证了数据类型的较全面性；同时，温州·中国民间融资综合利率指数监测点基本覆盖了指数联盟城市所在的相关县市，数据来源覆盖面较广。

2. 指数联盟城市民间融资综合利率指数的具体编制方案

基于上述分析，为了最大限度地体现指数联盟城市民间融资行为特征，并为政府及各融资参与方提供全面准确的民间融资信息及政策参考，考虑到数据采集的可得性，温州·中国民间融资综合利率指数将从民间融资主体民

[①] 资料来源：智库·百科．民间融资综合利率指数．https：//wiki.mbalib.com/wiki/民间融资综合利率指数．

间借贷利率指数（包括小额贷款公司、直接借贷等机构融资）、指数联盟城市地区不同融资期限民间借贷利率指数（包括1个月、3个月、6个月、1年、1年以上等不同融资期限区间）和不同融资主体的不同融资期限民间借贷利率指数出发建立相关指数，并在此基础上建立温州·中国民间融资综合利率指数。

3. 数据采集原则

（1）数据采集点专人负责。数据采集来源于联盟城市的金融办和联盟城市当地的温州商会。数据采集充分借鉴温州指数在温州地区的经验，在各数据采集点要求有专人负责采集，核准数据来源和数据质量，定时发送给温州市金融办。

（2）数据采集信息化。数据采集后，一律采用新上线的温州指数信息系统进行数据申报，相关工作人员进行审核与确认，如果发现数据问题及时与采集点进行沟通，发挥信息化的优势，提高数据采集效率，保证数据的准确性与及时性。

（3）在采集点定人、定时、定点采集数据后，由温州市金融办专人核实与汇总，充分考虑数据的特点与变化规律，测算温州指数。

4. 联盟城市选择原则

由于监测点主要负责数据采集，根据上述统计学理论，监测点必须满足数据采集的代表性、普遍性。其布局原则包括以下几点内容：

（1）监测点城市满足地理区域代表性。按照中国的地理分布，根据东南西北中的原则，在东北、东南、西北、西南，中部、南方分别选择合适的城市设点监测。

（2）监测点城市类型具有代表性。监测城市有省会、副省级城市、一般地级市和县级市，较充分普遍代表各大中小的民间金融发展状况。

（3）监测点城市经济、民间金融发展水平具有代表性。监测点城市经济实力较强，金融发展水平较高，民间金融交易活跃，具有一定的代表性。

(4) 监测点数据采集具有普遍性。该指数通过官方与民间两渠道获取数据，与温州市金融办有协作关系的各城市金融办、全国各相应城市温州商会合作采集民间金融数据，充分考虑了数据来源的普遍性和准确性。

5. 温州·中国民间融资综合利率指数数据采集方案

（1）样本空间。温州·中国民间融资综合利率指数的样本空间由以下主体组成。

①在指数联盟城市行政区域内注册登记，且经营范围符合国家法律、法规和规章的规定，最近一年无重大违法违规行为的小额贷款公司、融资性担保公司、典当行、民间借贷登记服务中心等机构。

②在指数联盟城市行政区域内注册登记或户籍在指数联盟城市，且在指数联盟城市行政区域内有合法民间融资事实的企事业法人或自然人。

（2）监测布局。实施监测主要委托两个机构进行，分别是指数联盟城市的金融办和指数联盟城市所在地的温州商会。

与温州地区指数监测布局相类似，温州全国指数民间融资利率的监测点采取"收入方监测"（即对资金出借方进行监测，数据采集相对方便，但准确度不高）与"支出方监测"（即对资金借入方进行监测，数据采集相对较难，但准确度高）相结合的方式进行规划布局。

先按被监测主体划分若干监测类别，每个监测类别分别确定一个监测责任主体，作为一级监测点；再在每个监测类别里分别设置若干监测点，作为二级监测点。二级监测点应定期将实际发生的民间融资交易相关信息如实上报一级监测点，一级监测点计算样本数据并上报各自类别的监测结果。

（3）采集方法。小额贷款公司、直接借贷等二级监测点根据实际发生的民间融资交易填写"**市民间融资利率等信息采集表"定期报送至一级监测点，指数编制起草小组以及业务指导组将定期抽查核实一级监测点计算的监测结果。同时在定期调整监测点及监测样本时，每次调整比例一般不超过10%（见表3.1）。

表 3.1　　　　　　　　**市民间融资利率等信息采集

填报单位（盖章）：				填报日期：	年	月	日
序号	发生日期	借出方	借入方	融资方式	融资期限	融资金额	融资利率（月利率，‰）	其他
1								
2								
……								

注：(1) 借出方与借入方简填"单位行业"或个人，无需具体名称或名字。
(2) "发生日期"填写合同签订日期，便于抽查核实。
(3) "融资方式"填写：信用、车辆抵押、房产抵押、股权质押、知识产权质押、保证等。
(4) "贷款期限"填写：3个月以内、3个月至6个月、6个月至1年、1年以上。
(5) 行数不够可自行增加。

3.3　温州·中国民间融资综合利率指数交叉权重法

温州·中国民间融资综合利率指数德尔菲法调查表。温州·中国民间融资利率指数主体权重德尔菲法第一轮调查表设计见表3.2所示；第二轮调查表设计见表3.3所示；第三轮调查表设计见表3.4所示。

表 3.2　　　　　温州·中国民间融资综合利率指数主体
权重德尔菲法调查（第一轮）

要求：请各位专家根据提供的背景材料及各自搜集的材料对温州·中国民间融资综合利率指数主体权重进行设定，说明设定的依据并提供相关材料。

背景材料：

主体名称	社会直接借贷	小额贷款公司
权重		
依据		

新增材料：

第3章 温州·中国民间融资综合利率指数编制参考方案与测算模型

表 3.3　　　　温州·中国民间融资综合利率指数主体
　　　　　　　权重德尔菲法调查（第二轮）

填表要求：请各位专家根据背景材料及第一轮调查结果对温州·中国民间融资综合利率指数主体权重结果进行评价，说明评价的依据并提供相关材料。

温州·中国民间融资综合利率指数主体权重影响因素总结：

主体名称	小额贷款公司	社会直接借贷
权重平均值		
权重中位数		
权重上四分位数		
权重下四分位数		
评价（专家填写）		
理由（专家填写）		

总体评价意见：

表 3.4　　　　温州·中国民间融资综合利率指数主体
　　　　　　　权重德尔菲法调查（第三轮）

填表要求：请各位专家根据背景材料及第一轮和第二轮调查结果的基础上对温州·中国民间融资综合利率指数主体权重进行重新设定，提供相关意见。

温州地区民间融资综合利率指数主体权重影响因素总结：

主体名称	小额贷款公司	社会直接借贷
原权重平均值		
原权重中位数		
原权重上四分位数		
原权重下四分位数		
新权重（专家填写）		
理由（专家填写）		

意见说明：

温州·中国民间融资利率指数主体权重若是第二、第三轮达到意见统一，取第三轮专家设定权重的平均值即可；若不统一，则可以重复第二、第三轮的调查，直到获取满意结果为止。

3.4 温州·中国民间融资综合利率指数测算参考模型

在温州地区民间融资综合利率指数基础上，根据温州·中国民间融资综合利率指数全国数据采集结果，建立温州·中国民间融资综合利率指数计算模型。该模型同时考虑小额贷款公司、民间资本管理公司、民间借贷登记服务中心、直接借贷、农村互助会以及其他借贷主体等六类融资主体，符号见表3.5所示。

表3.5　温州·中国民间融资综合利率指数计算模型符号说明

融资利率	借贷服务中心	民间资本管理公司	其他社会主体	小额贷款公司	直接借贷	农村互助会	权重
城市 i	r_{1i}	r_{2i}	r_{3i}	r_{4i}	r_{5i}	r_{6i}	w_i
总和	r_1	r_2	r_3	r_4	r_5	r_6	

温州·中国民间融资综合利率指数第 j 类（$j=1,\cdots,6$）主体的指数

$$r_j = \sum_{i \in I} w_i \cdot r_{ji} \tag{3.1}$$

其中，第 i 城的权重 w_i 由该城 GDP 等指标综合计算得到。

由此可以计算得到温州·中国民间融资综合利率指数城民间借贷利率指数

$$PLPI = \sum_{j \in J} h_j \cdot r_j \tag{3.2}$$

其中，第 j 类主体的权重 h_j 由专家权重法计算得到。

以14个城市温州·中国民间融资综合利率指数城民间借贷价格指数计算为例（表3.6为14城的观测及计算所得数据）。

第3章 温州·中国民间融资综合利率指数编制参考方案与测算模型

表 3.6 14 城观测数据

城市\利率水平	借贷服务中心	民间资本管理公司	其他社会主体	小额贷款公司	直接借贷	农村互助会	权重
南充	$r_{1,1}$	$r_{2,1}$	$r_{3,1}$	$r_{4,1}$	$r_{5,1}$	$r_{6,1}$	w_1
天津	$r_{1,2}$	$r_{2,2}$	$r_{3,2}$	$r_{4,2}$	$r_{5,2}$	$r_{6,2}$	w_2
泉州	$r_{1,3}$	$r_{2,3}$	$r_{3,3}$	$r_{4,3}$	$r_{5,3}$	$r_{6,3}$	w_3
安阳	$r_{1,4}$	$r_{2,4}$	$r_{3,4}$	$r_{4,4}$	$r_{5,4}$	$r_{6,4}$	w_4
怀化	$r_{1,5}$	$r_{2,5}$	$r_{3,5}$	$r_{4,5}$	$r_{5,5}$	$r_{6,5}$	w_5
海城	$r_{1,6}$	$r_{2,6}$	$r_{3,6}$	$r_{4,6}$	$r_{5,6}$	$r_{6,6}$	w_6
成都	$r_{1,7}$	$r_{2,7}$	$r_{3,7}$	$r_{4,7}$	$r_{5,7}$	$r_{6,7}$	w_7
海口	$r_{1,8}$	$r_{2,8}$	$r_{3,8}$	$r_{4,8}$	$r_{5,8}$	$r_{6,8}$	w_8
广州	$r_{1,9}$	$r_{2,9}$	$r_{3,9}$	$r_{4,9}$	$r_{5,9}$	$r_{6,9}$	w_9
贵阳	$r_{1,10}$	$r_{2,10}$	$r_{3,10}$	$r_{4,10}$	$r_{5,10}$	$r_{6,10}$	w_{10}
福鼎	$r_{1,11}$	$r_{2,11}$	$r_{3,11}$	$r_{4,11}$	$r_{5,11}$	$r_{6,11}$	w_{11}
连江	$r_{1,12}$	$r_{2,12}$	$r_{3,12}$	$r_{4,12}$	$r_{5,12}$	$r_{6,12}$	w_{12}
保定	$r_{1,13}$	$r_{2,13}$	$r_{3,13}$	$r_{4,13}$	$r_{5,13}$	$r_{6,13}$	w_{13}
温州	$r_{1,14}$	$r_{2,14}$	$r_{3,14}$	$r_{4,14}$	$r_{5,14}$	$r_{6,14}$	w_{14}
加总	r_1	r_2	r_3	r_4	r_5	r_6	

表中 $r_{j,i}$ 表示第 i 个城市中第 j 类主体当前期民间融资利率的均值，如 $r_{1,1}$ 表示南充市借贷服务中心当前期民间融资利率的均值。w_i 表示第 i 个城市的权重，如 w_2 表示天津市的权重。r_j 表示第 j 类主体当前期民间融资利率的指数，其中 r_j 由式 (3.1) 计算得到，$j=1$，…，6。

$$r_j = \sum_{i=1}^{14} w_i \cdot r_{ji} = w_1 \cdot r_{j1} + w_2 \cdot r_{j2} + \cdots + w_{14} \cdot r_{j14} \tag{3.3}$$

由式 (3.3) 可以计算得到 14 个城市 6 类主体当前期民间融资利率的指数，即借贷服务中心指数 r_1，民间资本管理公司指数 r_2，其他社会主体指数 r_3，小额贷款公司指数 r_4、直接借贷指数 r_5。从而根据各类主体的权重 h_j 可以计算得到全国 14 个城市的综合指数 PLPI，具体计算公式如式 (3.4) 所示。

$$PLPI = \sum_{j \in J} h_j \cdot r_j = h_1 \cdot r_1 + h_2 \cdot r_2 + h_3 \cdot r_3 + h_4 \cdot r_4 + h_5 \cdot r_5 \quad (3.4)$$

注①：对于数据缺失的部分，由上一期的数据替代或前几期的均值替代，如福鼎市当前期的直接借贷数据没有，就用福鼎市上一期的数据或前几期的均值替代。

注②：目前报送的数据只有小贷公司、典当行和社会直接借贷三类，其中典当行属于其他社会主体，也就是说只有小贷公司、其他社会主体和社会直接借贷三类主体。因此，只需要计算全国14个城市的小贷公司、其他社会主体和社会直接借贷三类主体的当前期民间融资利率指数，而全国14个城市的借贷服务中心和民间资本管理公司这两类主体的当前期民间融资利率指数由温州市的数据替代（即温州市的借贷服务中心和民间资本管理公司这两类主体完全反映全国14个城市的借贷服务中心和民间资本管理公司这两类主体），然后根据权重计算全国14个城市的综合指数 PLPI 即可。

3.5　温州·中国民间融资综合利率指数发布参考方案

鉴于当前温州·中国民间融资综合利率指数数据的来源情况，可先采用"按周发布"的形式，发布地区性小额贷款公司利率指数、地区性社会直接借贷利率指数、地区性民间融资综合利率指数三类，发布格式见表3.7所示。每周定期在温州指数、温州市金融办、温州民间借贷服务中心官方网站、温州网以及相关联盟城市有关媒体和温州指数公众微信等渠道发布周指数。

表3.7　　　　　"温州·中国民间融资综合利率指数"发布

指数名称	利率（%）	环比	环比涨跌值
地区性小额贷款公司利率指数			
地区性社会直接借贷利率指数			
地区性民间融资综合利率指数			

第 4 章
国内外文献评述

4.1 民间金融利率与宏观经济的作用机制

对于正规金融与非正规金融的相互作用机制,国内学者也做过许多研究。刘小宁、徐安察(2017)就民间借贷利率和正规金融利率的联系关系进行研究,发现这两种利率受到自身冲击的影响最显著,民间金融的波动情况明显大于正规金融。两个利率之间存在着长期协整的关系,在一定程度上呈同向变化,非正规金融利率变化受到短期正规金融利率的影响。霍竟春(2006)通过协整检验发现,7 天国债回购利率与所选择的宏观经济变量并无稳定协整的关系,我国的货币政策目前还不能发挥较大作用。王峰(2014)则得出不同的结论,认为我国银行间国债利率期限结构和宏观经济之间存在着稳定的协整关系,利率结构对宏观经济的冲击响应十分迅速,并且通常持续 2~4 个月。而市场对宏观经济的冲击通常会出现过度反应的情况,在未来的一段时间内自动进行修正。

由于利率期限结构的复杂性,许多学者通过主成分分析方法提取主要成分进行研究。孙丽、孙佳佳(2013)对我国同业拆借市场的利率期限结构进行主成分分析,认为三个因子能够解释结构特征的 98.63%。并通过三因子与宏观经济变量的 VAR 模型发现,水平因子主要受到通货膨胀因素的影响,斜率因子受实体经济的影响,曲度因子受货币政策因素的作用。马海龙

(2012）同样通过 VAR 模型发现，紧缩性的货币政策将提高利率整体水平，M2 增速对国债利率结构的截距影响并不十分显著，测度资金需求程度的 R007 对利率曲线的截距影响较稳定。宋巍（2009）从动态角度分析认为，国债收益率曲线的动态性能够被三个主成分解释，各个主要利率变动的波动性差别较大，并且平移因子的解释能力不高，得出仅仅基于到期收益率一个风险因子对风险进行预警管理是严重不足的。

姚耀军（2009）对正规及非正规金融的相关变量进行实证检验发现，正规金融对中小企业的信贷扩张能深度改变非正规金融市场资金价格的短暂走势。而对以上变量的协整分析则显示，非正规金融市场借贷利率和中小企业的信贷方面不存在长期的均衡关系。并且认为，在一个整合的框架中，非正规金融拥有互相补充的反应性和自主性。

4.2　关于民间借贷利率的变动规律的研究

王一鸣和李敏波（2005）构建了一个不完全信息下的非对称 Nash 议价模型，通过对 Nash 议价解的分析，用理论研究证明了非正规市场借贷利率高于正规市场利率；程昆（2006）在王一鸣、李敏波模型的基础上，将项目自身的不确定性作为一个变量归入模型，证明了非正规金融利率不一定高于正规金融利率；钱水土和陆会（2008）基于温州农村地区的分析，得出影响农村民间利率的影响因素有贷款期限、借款频率、贷款对象、贷款来源等；姚耀军（2009）基于温州民间借贷市场通过实证分析得到温州的民间利率的决定机制和中小企业的信贷规模扩张的长期均衡关系不显著；周明磊和任荣明（2010）通过实证分析，证明真正操纵民间金融的是具有"信号显示"功能的存款准备金率，货币信贷活动只能解释很小部分的民间利率的变动。陈蔚和巩秀龙（2010）从信息不对称和资金供给角度出发，构建了一个双寡头模型，得出民间借贷利率的决定机制，认为影响民间借贷利率的是正规金融利率、客户信用风险、市场资金数量和市场结构等；周荣俊

(2010)认为不同的货币政策对民间借贷利率的影响不同,分析货币政策由从紧到适度宽松的背景下,民间借贷利率的变化情况,结果表明,宽松时期的货币政策会导致民间借贷利率下降,紧缩性货币政策会导致民间借贷利率的上升。

叶茜茜(2011)以温州民间借贷为案例,认为放款人的供给成本、借款人的需求特征及市场竞争状况等会对民间借贷利率产生重要影响。张德强(2011)认为民间借贷利率和正规金融机构的贷款利率、民间金融借贷规模有关,民间借贷利率和正规金融借贷利率的变化方向相同,与民间借贷规模基本成正相关,有时也会呈现反向变化的特点。刘西川和陈立辉(2012)基于风险防范的角度提出民间借贷利率的直接影响因素有业缘性社会交易和关联性成本,而民间借贷利率的间接影响因素有贷款规模、贷款期限、贷款用途等。张雪春等(2013)认为货币政策工具(尤其是存款准备金率、银行贷款利率的期限差)、资产价格、实体经济对民间借贷利率有重要的影响。

单惟婷和沈宏斌(2012)构建一个向量自回归VAR模型分析了商业银行贷款利率、法定存款准备金率、居民消费物价指数、GDP增长指数对民间借贷利率的冲击程度,得出商业银行借贷利率、法定准备金率对民间借贷利率的冲击较大、居民消费价格指数对民间借贷利率的冲击较小。魏源(2013)从民间借贷双方以及交易市场的价格建立多元回归模型,得到农村民间借贷市场是资金需求者与供给者进行自主交易的市场,其利率定价过程基本实现了市场化。

伯特姆利(Bottomley,1975)和苏布拉塔·加塔克(Subrata Ghatak,1987)等人通过资金供给者的角度来考虑,认为民间借贷利率的影响因素包括管理费、风险费、放款的机会成本和垄断利润等。

斯蒂格利茨和霍夫(Stiglitz,1981;Hoff,1997)认为政府对正规金融部门的补贴会导致民间金融利率上升,他们构造了两个模型,分别是存在规模效益和新的放贷者的进入会削弱借款人的还款积极性。

阿耶蒂(Aryeetey,1996)和阿蒂诺(Atieno,2001)从借款人交易成本这一角度出发来解释民间借贷高利率的现象，认为民间借贷市场上的资金供给方会根据借款人的个人特征来构建属于资金需求方的还款合约，从而大大降低了借款时的交易成本。即使民间借贷利率较高，但是借款人的资金总成本不会太高，因此，借款人愿意以高于正规金融市场利率水平的利率来借入资金。

4.3 民间借贷利率的特征及信息研究

刘民权、俞建拖（2006）提出民间借贷利率的决定因素可分为三类，供给、需求和正规金融市场利率。叶茜茜（2011）总结出民间金融利率的影响因素有：（1）供给成本角度，机会成本、交易成本与风险成本；（2）需求特征角度，需求方信用、需求偏好；（3）市场竞争情况；（4）正规金融信贷；（5）金融生态环境。董晓林、杨小丽（2011）基于江苏县域数据，发现不同经济发展水平的地区之间，农村金融市场结构也会存在明显的差异；农村中小企业信贷的可获性受其自身（如规模和盈利能力、市场结构及宏观经济环境因素）的影响；农村金融市场的集中度对信贷可获性存在显著负向影响。在特征影响因素的实证研究方面周明磊、任荣明（2010）的研究发现只有具有"信号显示"作用的宏观政策——存款准备金率才能对民间借贷利率产生显著影响，且平稳性检验显示不会产生长远影响。新增贷款与民间借贷利率间滞后一期，这说明信息传递效率较高。中国人民银行温州市中心支行课题组（2011）通过方差分解，得出民间借贷利率自身影响可以解释81.92%的方差，存款准备金率可以解释约12.47%的方差，贷款利率可以解释3.1%的方差，贷款增长率可以解释2.49%的方差。单惟婷、沈宏斌（2013）对1978～2011年的温州地区数据进行回归分析，结果显示，商业银行贷款利率上升1.0个百分点，民间借贷利率上升4.44个百分点。法定存款准备金率上升1.0个百分点，民间借贷利率上升近1.21个百分点。居民消费价格指数上升1.0个百分点，民间借贷利率上升仅为0.13个百分

第 4 章　国内外文献评述

点。GDP 增长率上升 1.0 个百分点，民间借贷利率下降约为 0.75 个百分点。认为商业银行利率对民间借贷利率的正向影响很大，法定准备金率对民间借贷利率影响有限，通货膨胀情况对民间借贷利率基本无影响，民间借贷利率的上升，对当地经济增长不利。

关于民间借贷利率与正规金融利率的互相传导机制，哈罗德恩加拉瓦和尼古拉维吉（Harold NgaLawa and Nicola Viegi，2013）通过一个四部门宏观货币动态随机一般均衡（Dynamic Stochastic General Equilibrium，DSGE）模型进行分析，认为虽然正式和非正式部门贷款在借款人的效用函数中是互相替代的，但它们是总体互补的。因此，增加 FFS（正式金融部门）信贷的使用能够增加 IFS（非正式金融部门）对信贷的需求。对正式和非正式金融部门利率的行为观察，可以发现 IFS 的利率不一定由 FFS 利率推动。当试验正面的生产技术冲击时，两个部门的利率被观察到同向运动。而试验货币政策的冲击时，两个部门的利率呈相反方向运动。

刘少华、张赛萍（2013）认为民间借贷能有效减轻中小企业的融资压力，其灵活简便的操作也契合企业需求，通过对其借贷资金的来源和趋向进行追踪监测能有效预测资金的风险等级。然而，民间借贷因其自身特性，以个人名义参加民间借贷活动的经济主体占总经济体的比例较大，甚至银行也有所涉及，加大政府宏观调控的难度，不利于金融秩序和社会稳定。在厄内斯塔·艾里易提（Ernest Aryeetey，2008）的研究模型中，认为如果增加对正规金融机构的资源获取，非正规金融市场即被迫转型，而这前提是两个部门之间必须拥有逐渐增长和扩大的联系。正规金融部门的规模增长并不一定导致非正规金融市场规模的减少。非正规金融信贷在日益多元化的正规机构的情况下仍发挥一定作用，小额信贷机构在短期和长期时间内都是可持续的，并有一定可能转变成更正规的中介机构。而在许多国家，正规化小额信贷已成为微型金融机构（MFIs）的首要任务，小额贷款也是 MFIs 为其业务获取更多资金的简便方式。

威廉·F. 斯蒂尔（William F. Steel，1998），厄内斯塔·艾里易提（2002），赫马拉·赫提格（Hemamala Hettige，2002）和马奇科·尼桑克

39

(Machiko Nissanke，1997）认为非正规金融机构能有效满足缺乏正规金融渠道的客户资金需求，非正规市场的供应和需求的增大更多的与实际部门活动的增长有关，而非宏观政策的变化。某种程度上，其原因是非正规金融市场服务于不同的客户，且正规和非正规金融机构之间缺少必要联系。研究发现，实际情况中非正规金融机构的交易成本和违约率低于正规金融机构，从中期来看，扩大非正规金融机构的作用是减少金融二元论的有效方式，增加更广泛的人口获得金融服务的机会。但这并不意味着非正规金融部门能维持长期持续的金融发展。哈罗德·恩加拉瓦和尼古拉维吉（Harold Ngalawa and Nicola Viegi，2013）研究了正规和非正规金融市场间的相互作用及其对准新兴市场经济活动的影响。实证发现，正规和非正规金融部门贷款是相互影响的，即正规金融部门信贷总量的增加创造了额外的生产力，需要非正规金融部门提供更多的资金维持平衡。两市场的利率水平并不总是向同一方向变化，在某些情况下两部门的利率变化是完全相反的，意味着非正规金融部门可能阻碍货币政策，程度取决于其非正规金融部门的信贷规模，规模总量越大，货币政策对宏观经济活动的影响越小。模型也显示，高风险和低风险借款人的风险因素在决定宏观经济指标对冲击的反应程度方面起到重要的作用。

斯纽就L.S.和阿扣一将（Sunildro L. S. and Akoijam，2013）对印度农村信用社在提高农村信用度方面的作用进行研究，发现农村信贷是为数百万无谋生手段的印度农村居民提供可持续生计的工具。小额信贷机构、国家农业与农村发展银行（National Bank for Agriculture and Rural Development，NABARD）等多个组织在向印度农村提供信贷设施方面发挥着重要作用。印度储备银行正在制定并调整宏观政策，使大多数穷人能享受到农村信贷。尽管各组织目前为增加农村信贷设施做出的努力，在未来几年还不能看到显著效果，金融领域的创新方面作用在主流文献中仍被低估，但是农村信用社在经济活动中的巨大潜力和重要性应该被了解。张德强（2010）分析发现，在发展中国家，民间金融利率与官方金融利率相比，具有高利率性的显著特征，同时也具有高度的稳定性。目前来看，民间借贷利率并没有因国家的宏观政策变化而降低到正规金融利率的水平,这也说明民间金融拥有强大的生命力,其存在的合理性也受到了广大学者的探讨。在金融压抑和金融约束的情况下,民间金融利率虽远高于正规金融利率,但仍被市场很好的执行,其原因在于利率执行机制的特殊性以及效率性。

同样的,吴鹏辉(2015)认为温州民间金融的各类期限利率品种也具有一定的稳定性,而明显地受到前期影响,短期和长期的借贷利率波动幅度较大。对温州民间金融利率的风险价值进行测算,发现和同业拆借市场利率不同,民间借贷利率的波动范围比较大,峰值和谷值的绝对值都较大,波动对应的时间节点与上海银行间同业拆放利率(Shanghai Interbank Offered Rate,Shibor)指数几乎完全不同。民间借贷利率和银行同业拆借利率两者所受的影响因素存在很大差别。并得出结论认为温州指数目前监测结构布局较合理,指数具有一定的可塑性和发展空间,实际效力较强。王权、徐小华(2014)认为温州民间借贷利率作为民间金融的指示器,它的变化能解释官方和汇丰收购司理指数(Purchasing Manager's Index,PMI)的差异之处,即民间借贷利率与正规金融利率的变化是导致 PMI 指数差别的原因。并且,与官方 PMI 不同,民间借贷利率与汇丰 PMI 之间并不存在门限协整关系,企业家对其变化的反应是相同的,民间借贷利率和汇丰 PMI 的关系较为紧密。结果显示,中小企业对正规金融利率的变化不敏感,对民间借贷利率的变化较敏感,可能原因是出于资金安全考虑,银行不愿意向中小企业贷款,企业的普遍融资渠道为民间融资市场,融资较为市场化,因此对市场化的民间借贷利率较为敏感。

姚耀军、陈德付(2005)认为农村金融是有效率性的,其兴起代表着底层的改革,优势在于能通过借贷双方互相满足的资金活动推导出一个高效平稳的制度,且可保持着使活动费用更加节约的制度化的规则。从国际经验看来,发展农村金融,使其不断向正规金融靠拢,是许多发展中国家在金融改革过程中不可或缺的重要手段,结合我国实际情况,该措施的关键点在于应加快建设农村地区中小型金融机构。因其在提供对中小企业和小规模农户的服务中占据较大优势,这种长期的合作关系对中小企业金融的发展较为重要。

4.4 地区性风险监测模型研究

西方国家对于金融风险的监测、评级和预警方面的研究时间早于国内，在研究范围方面也多于国内的研究，但西方国家的研究主要是针对正规金融风险，对民间金融风险预警模型的研究较少。西方国家对于正规金融风险的研究主要集中在宏观角度和微观角度两个方面。罗伯特·艾森贝斯（Robert A. Eisenbeis，1978）指出，大多数目前应用的监测评分模型主要集中于违约率的最小化，这实际上只是授信这一普遍问题的一个方面。如果对于放款人利润最大化或成本最小化为评分模型的目标，那么大多数应用文献看起来是不完整的。即使忽略这些缺点，所使用的模型也通常存在着统计缺陷，并且认为鉴于有关估计和采样过程的现有技术，模型存在的问题在所采用的判别分析技术中是固有的，并且难以补救。潘德哈尔克（P. C. Pendharkar，2002）则提出了一种方法，认为使用数据包络分析能够解决以上提到的逆分类问题。逆分类问题涉及找出如何改变案例的预测器属性，以便将案例分类为不同的、更理想的类别。对于一个二元分类问题和非负决策属性，模型证明了在条件单调性和类凸性的假设下，数据包络分析法（Date Envelopment Analysis，DEA）可以用于逆分类问题，其在假定条件下和现实生活中的应用也有所涉及。同样的，阿查恩斯和卢梭（A. Charnes and J. J. Rousseau，1996）也提出了一种评价数据包络分析效率分类的灵敏度和稳定性的新方法。开发的比率模型技术容易扩展到其他 DEA 变种。线性规划公式可用于计算最大单元的半径，这个半径可以被解释为分类的稳定性的度量，特别是相对于数据中的误差。

博恩德和格兰（C. G. E. Boender and J. G. D. Graan，1989）提出了一种改进的模糊多准则方法。通过对数回归函数的最小化来计算决策准则的权重，并通过计算权重的适当集合来确定备选方案的模糊最终得分。模型还给出了一个具有几何比标度而不是等距离标度的方法用于量化梯度。这种方法帮助开发一个有效的程序来调查计算权重的尺度敏感性和备选方案的最终得分。为提高模型运作效率，邝和拜（C. K. Kwong and H. Bai，2002）认为质量功能展开（Quality Fanction Deployment，QFD）是风险模型的一项重要工具，在 QFD 过程中，确定各个数据的重要性权重，运用层次分析加权法（AHP）对重要性进行加权。作者将模糊数引入层次分析法的两两比较，提出了一种基于模糊标度的层次分析法，确定数据的重要性权重。该方法可以改善基于传统层次分析法的客户需求的不精确排序。克罗南和格洛菲尔德（T. P. Cronan and L. W. Glorfeld，1991）提出了一种递归划分分析（Recursive Partition Analysis，RPA）的知识获取方法。RPA 生产系统方法被应用于代表抵押贷款、商业和消费者贷款问题的数据集。将这些问题之间的分类率与广义归纳推理产生系统的结果以及将抵押和商业贷款问题与传统统计建模方法的分类率进行比较，表明 RPA 方法提供了使用较少变量时的优良结果。

国内学者对金融风险模型的研究主要集中在对于民间金融风险的评级方面，陈松林（2002）通过分析金融风险监测模型中各个角度的因素之间的相关联系，建立了"金融风险监测模型的结构板块"子系统。徐晓飞和张凤海（2008）在建立金融风险监测模型时，把地区内的金融风险分解为宏观、微观和运营环境三大类，并将这三个类型进一步细分成十个指标，从定性和定量两个角度出发构建民间金融风险预警模型。饶勋乾（2014）通过金融条件指数（Financial Conditions Index，FCI），分析金融风险监测预警和货币稳定的关系，构建 FCI 指数并且研究其与通货膨胀之间的相互联系，旨在研究金融风险预警和货币稳定的关系。陶玲、朱迎（2016）基于我国转轨体制特点和当前的系统性金融风险情况，提出了包括七个维度的系统性金融风险综合指数，构建了一个不仅能综合分析市场整体风险，还能分解进行局部研究的系统性金融风险监测和预警的方法。

程昆（2006）在研究非正规金融利率决定机制时，同时也考虑了项目自身经验的风险、借贷资金的期望收益率、借贷资金的期限、规模、紧急程度、借款人的风险系数、借贷市场的竞争度和制度等变量，构建基于信息对称的纳什计价模型。并认为，项目自有风险、贷款的紧急程度、期限、贷款人的交易成本以及制度与非正规金融利率同向变化，借款人的交易成本与利率反向变化，非正规金融利率与正规金融利率并无明显的关系。因借款人可以同时从正规和非正规金融市场获得贷款，而放款人出于银行存款利率较低的原因，为获取高额利益会以低于银行贷款利率的利率借出贷款，因此非正规金融的借贷利率并不一定高于正规金融借贷利率。张晓芳（2017）根据温州指数的日常发布基础，从利率风险、规模风险、信用风险三个方面构建民间金融风险指数模型。其中利率风险主要反映各个经济主体产生的实际借贷利率偏离程度的均衡值和不同借款时间下的利率浮动状况。规模风险综合考虑民间融资总规模的强度指标和贷款成交笔数的宽度指标波动带来的作用，代表借贷总额和贷款笔数偏差均值的程度。信用风险度量未能及时偿还的债务，因违约带来的资金风险，从未被清偿的债务和债务后延程度两个角度出发构建该指数。

易晓文（2016）推理了初始状态下的民间借贷均衡利率模型，模型的前提条件包括：民间借贷的资金需求增大，民间借贷利率水平提高导致融资成本上升，民间信贷供给总量增大，具有代表性的家庭收入水平提高；在这样的基础下，实证检验以上因素对民间融资利率浮动的影响作用，最终构建出基于投融资双向金融生态链动态均衡的民间借贷利率平衡模型。在建立模型的过程中，实际发现民间融资成本和民间借贷利率呈现同向变化的关系。分析"跑路潮"的现象，主要原因是正规金融银根收紧，银行拒绝向中小企业发放贷款，民间借贷需求猛然增大，民间借贷利率畸高，即民营企业倒闭来源于资金链断裂，断裂原因又来自于民间高利贷的产生。

董晓林、杨小丽（2011）参考了产业组织理论中的市场结构（Structure Conduct Performance，SCP）分析模式，通过构建江苏农村中小企业借贷利率模型，发现随着股份制商业银行等金融机构逐渐进入市场，农村金融市场集中度呈现小幅下降的趋势，不同地区间地区金融发展也不同，经济欠发达的地区民间金融市场的垄断程度显著大于经济发达地区。并且在民间融资市场中，微、小企业信贷资金是否容易取得则由企业的自身特征、民间借贷市场的结构特征和宏观经济环境的特点决定。农村金融市场集中程度越大，中小企业的贷款获取性越小,不利于其获取贷款。最终得到富有竞争性的民间金融市场对农村中小企业获得银行的贷款支持具有正面积极的影响,因此,为推动农村经济持续积极发展,应适当降低民间金融市场的准入门槛,有效引领各类经济主体在农村地区的健康发展。

赵永清(2009)扩大了传统的货币状况指数(Marketing Cost Index,MCI)指数中变量的内涵,运用货币供应量和汇率变量构建符合我国国情的MCI指数,在建设系统的价值传递链接、在反映汇率和货币供应量等因素对我国投资者价格水平的影响作用的基础上,通过 VAR 方式建立我国人民币汇率制度变革以来的我国名义 MCI 指数。在 M1 与名义汇率在名义 MCI 的比例之比为 1:1.17 的估计基础上,建设出的名义货币状况指数同消费者价格指数走势高度重合的。并且名义 MCI 显示的信息比起 M1 和汇率单独反映的更为具体有效,从宏观政策的方面来看,名义 MCI 能够更准确地表示社会物价水平可能发生的未来变化,有助于中国人民银行(简称央行)对物价水平进行适当的调整。因此货币状况指数应在一定程度上被关注并定期监管,我国应通过 MCI 来定期监测宏观政策的执行情况,并向大众传递明晰的货币政策理念。

综上所述,国内外对民间金融利率指数的研究文献较少,国外对正规金融利率指数的研究较全面,具有一定的借鉴价值。从宏观角度来看,风险模型的主要突破有 Frank 和 Rose 的 FRF(F 指 Frank,R 指 Rose)概率模型,从微观角度来看,其主要成就表现在商业银行领域。而和国外比起来,国内学者对于民间金融指数的研究文献数量也不多,文献的学术性不强,但不同地区编制的民间融资利率指数具有各自的地区特点,其间积累的关于数据选择和采集、数据测算方法和分析应用等方面的经验教训值得本书借鉴。在所有的民间金融利率指数中,温州民间融资利率极具代表性,全面、系统地研究我国民间融资利率指数的信息价值,可选择温州指数进行深入研究。

在国内学者对民间融资利率指数的研究中,研究结果认为,非正规金融对宏观经济,或者说正规金融的影响具有两面性。一方面,非正规金融能在银行信贷供给有所缺乏时提供一定的资金支持,提高融资市场资源配置效率。民间借贷能有效减轻中小企业的融资压力，其灵活简便的操作也契合企业需求，通过对其借贷资金的来源和趋向进行追踪监测能有效预测资金的风险等，并且有学者认为，民间借贷利率在解释官方 PMI 和汇丰 PMI 之间的差异方面有一定的信息价值。另一方面，民间借贷为企业掩盖了不良财产状况，市场中经济主体的复杂性也增加了民间金融市场的潜在风险，容易导致经济秩序的混乱。民间借贷由于本身在发展过程中产生的自身特点，导致多类型的经济主体使民间借贷的活动愈发不可控，在为中小企业解决一时的资金短缺的同时，也掩盖了企业糟糕的财产状况，助长了经济泡沫。

第 5 章
温州指数发展现状和问题

温州作为民营经济发展的试验地区，其民间金融形式繁多且十分活跃，包括小额信贷公司、典当行、个人借贷等金融活动，是我国民间金融活动的重点地区。温州指数作为其金融改革的重要成果，也是我国民间融资利率指数的极具代表性的一个指数，是民间利率市场化的外部表现。目前在国内，其他的民间融资利率指数的发布较少，数据不全面，温州指数作为我国所有民间融资利率指数中发展最成熟的指数，在温州地区对民间金融的作用也是不容小觑的。因此在研究温州指数的信息价值前，先分析目前温州地区的民间金融发展状况和温州指数对民间金融起到的影响作用，也能帮助本书从宏观经济角度认识温州指数的具体价值。

5.1 温州民间金融发展现状

1. 温州指数运行状况现状

2012 年 3 月，国务院批准在温州进行金融改革试点工作。一个月后，致力于为民间借贷服务的温州民间借贷服务中心正式成立。同年 12 月，温州金改 12 条发布，从中可以得知温州金改的目标是使民间融资的发展走上正轨，引导民间借贷阳光化，降低全市金融杠杆，推进金融产业、产品创新，最终建立健全金融市场体系，增加对金融风险的防范能力。

2013 年，温州金融办开始对外按日发布温州指数。并在之后增加了温州·中国民间融资综合利率指数的发布,该指数目前已与几十个城市合作监测。指数按融资期限、平台、担保方式进行分层,分别发布不同状况的利率,并且得到了综合利率指数。温州指数的发布,兼具两方面的功能:对市场而言,促使地区民间借贷走上信息公开、阳光化的道路,对民间借贷具有引导定价的作用,起到"锚"的作用,减少过高利率的借贷行为;对政府而言,有利于监测民间借贷利率水平,防范系统性风险。

(1)综合利率水平。图5.1为基于2013年1月4日~2017年3月30日的每日数据的温州指数(温州地区民间融资综合利率),在此期间,温州指数呈明显下降趋势。从一定程度上说明温州金融改革的效果较好。其中,主要的利率下行发生在2015年至2016年初,结合国内的货币政策,当时央行为保持货币政策稳健,多次下调存款准备金率、下调存贷款基准利率,因此有可能民间借贷利率的下行是受到了货币政策的影响。本书将在第6章节中对此进行检验。另外,从绝对水平上看,2013年的民间借贷利率为19.5%~21%,一路降至2017年的15%~17%。虽然利率降低了4个百分点左右,但是相比正规金融渠道,仍然处于偏高的水平。

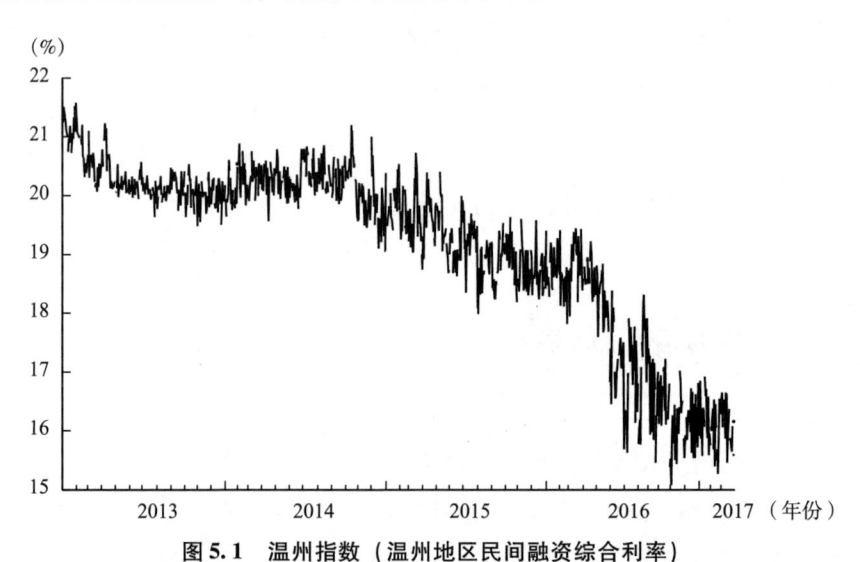

图 5.1 温州指数(温州地区民间融资综合利率)

资料来源:Wind 资讯.

第 5 章　温州指数发展现状和问题

（2）不同融资主体的利率。图 5.2 为 2014 年 4 月~2017 年 2 月的月度数据，反映的是不同融资主体的借贷利率水平。其中共有五个融资主体，小额贷款公司、民间借贷服务中心、农村资金互助会、民间资本管理公司和其他主体。下面以此时间跨度为例，对不同融资主体的利率进行分析。

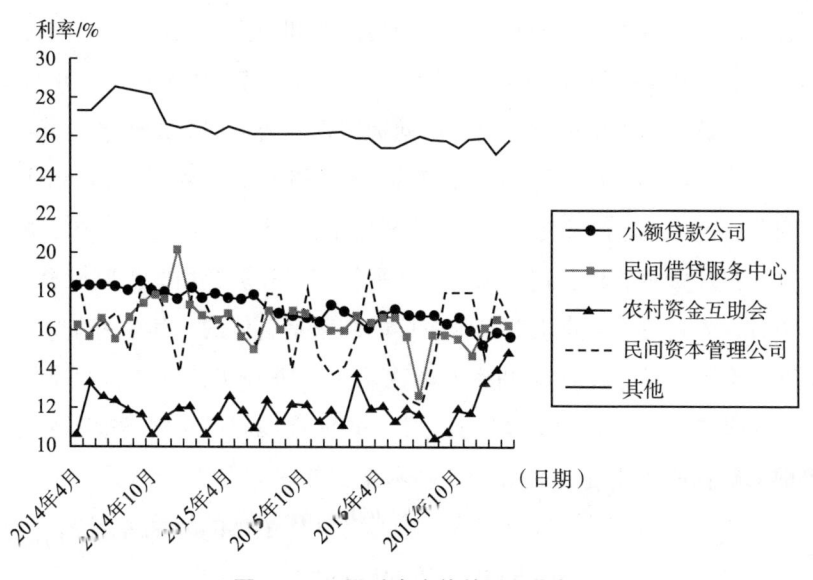

图 5.2　不同融资主体的温州指数

资料来源：温州指数网站，http://www.wzpfi.gov.cn.

可以明显看出，在不同融资主体中，农村资金互助会的借贷利率是最低的，一般在 10%~12.5% 的区间内浮动。其原因是农村资金互助会即新型农村合作金融组织的表现形式之一，带有普惠金融的属性，是国家层面为了发展农业、扶持农村而进行的政策性业务。小额贷款公司、民间借贷服务中心、民间资本管理公司三个融资主体的利率相差较小。三者一般在 15%~18% 的区间内浮动。可以观察到，某些时间段里，三者的走势呈反向关系，说明此三者在短期内形成了业务层面上的竞争关系，为民间借贷融资需求方提供了多种渠道。三者在中长期都趋于下降，说明受某些因素的影响是一致的，而短期的竞争同样有助于引导市场利率下降。最后，其他市场主体的利率水平显著偏高,虽同样有下降趋势,但稳定在25%~27%的区间内,比其他融资主体高出了10%。虽然并不知道其他市场指的具体是什么市场,但可以肯定的是,此市场的市场化、透明化水平比其余四个融资主体低,可能存在风险补偿,因此利率偏高。

利用EViews软件进行五个融资主体的描述性统计,见表5.1。已知农村资金互助会、其他主体分别为最低和最高的利率主体。从均值、中位数及最小值来看,均为R_民间资本管理公司<R_民间借贷服务中心<R_小额贷款公司,在此一个可能的解释是,民间资本管理公司的数量较多,市场上存在一定竞争。标准差从大到小的排序为,SD_民间资本管理公司>SD_民间借贷服务中心>SD_农村资金互助会>SD_其他>SD_小额贷款公司。可能的解释是,民间资本管理公司的市场化水平较高,对资金面的反应较敏感。从偏度来看,农村资金互助会和其他主体的利率是右偏的,其余为左偏,农村资金互助会的右偏,说明高利率的频次较少,进一步体现了普惠金融的性质。民间借贷服务中心的偏度近似为零,说明在民间借贷服务中心进行的民间借贷,信息透明程度比较高,不容易偏离正常借贷利率水平。从峰度来看,农村资金互助会、民间借贷服务中心、其他主体的峰度大于3,呈现尖峰。J-B统计量显示,五个融资主体的借贷利率均不服从正态分布。

表 5.1　　　　　不同融资主体的温州指数的描述性统计

统计量	R_农村资金互助会	R_民间资本管理公司	R_民间借贷服务中心	R_小额贷款公司	R_其他
均值	11.93629	16.11686	16.31257	17.134	26.34543
中位数	11.9	16.19	16.41	16.99	26.05
最大值	14.9	18.98	20.14	18.51	28.52
最小值	10.38	12.09	12.51	15.22	25.09
标准差	1.006409	1.924134	1.154218	0.863829	0.901878
偏度	0.898618	-0.38199	-0.00668	-0.19595	1.165757

第5章 温州指数发展现状和问题

续表

统计量	R_农村资金互助会	R_民间资本管理公司	R_民间借贷服务中心	R_小额贷款公司	R_其他
峰度	3.94053	2.038396	7.613914	2.133716	3.397952
J-B统计量	6.000541	2.199669	31.04555	1.318381	8.158393
P值	0.049774	0.332926	0	0.51727	0.016921

表5.2为不同融资主体的温州指数之间的相关系数矩阵。R_其他与R_小额贷款公司的相关系数为0.757072，对此的解释可能是，其他市场与小额贷款公司这两个融资市场发展比较成熟，其利率波动幅度较小，利率与长期下行的趋势相符，因此两者之间的利率走势也趋同。其余相关系数在0.5以下，说明各个融资主体的利率走势比较独立。

表5.2 不同融资主体的温州指数的相关系数矩阵

融资主体	R_农村资金互助会	R_民间资本管理公司	R_民间借贷服务中心	R_小额贷款公司	R_其他
R_农村资金互助会	1				
R_民间资本管理公司	-0.01826	1			
R_民间借贷服务中心	0.072352	0.175066	1		
R_小额贷款公司	-0.32536	0.111892	0.271774	1	
R_其他	-0.13804	0.202553	0.20116	0.757052	1

（3）不同期限的利率。图5.3为2014年12月~2017年2月的月度数据，反映的是不同期限的民间借贷利率水平。1m为一个月，3m为三个月，6m为六个月，1y为一年，1y+为一年以上（下同）。可以观察到，一月期的利率水平最高，其次是三月期。其余的六月期、一年期、一年以上期限，关系并不明显。这和传统的利率期限结构有明显区别，似乎温州民间借贷的期限结构和传统的利率期限结构完全不相符。根据传统的利率期限结构的流动性偏好理论，$R_{长期}=E(R^e_{短期})+$流动性溢价。也就是说，在短期利率较高

的情况下，由于流动性溢价的存在，中长期利率应该明显大于短期利率。这个反常的现象说明温州民间借贷的期限特点是偏好于 1~3 月的短期资金周转。温州民间借贷对六月期、一年期、一年以上是否有明显偏好，将通过接下来的描述性统计进行分析。此外，在利率的绝对水平上，同样可以观察到除了一月期，整体的利率水平呈下降趋势，这和综合温州指数的情况是相符合的。最后，对于一月期的利率水平，可以观察到有一定周期性，在每年的 12 月至翌年 2 月，一月起利率都呈现高于年度平均水平的情况。可能的解释是，12 月至翌年 2 月恰好在过年前后，这时有一部分人出于各种原因对资金产生较大需求，因此使用一月期的民间借贷进行资金周转，从而造成需求增加，推高了一月期的利率水平。

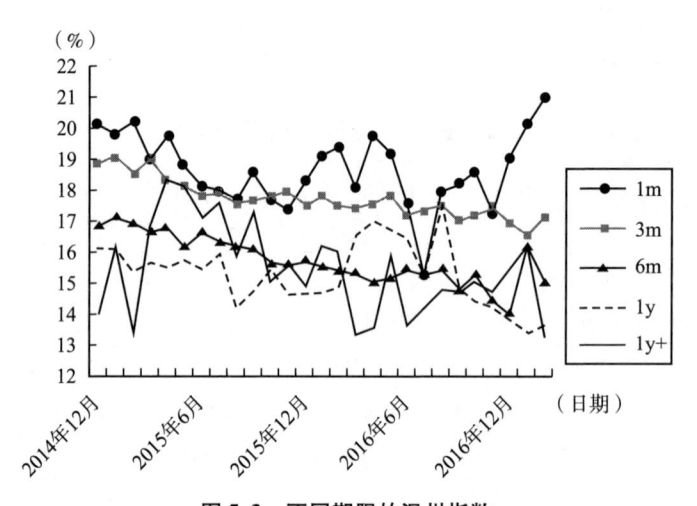

图 5.3 不同期限的温州指数

资料来源：温州指数网站，http://www.wzpfi.gov.cn。

图 5.4 为以 2017 年 1 月和 2017 年 2 月的利率期限结构为例，将一月期与三月期的利率平均得到短期利率，将六月期与一年期的利率平均得到中期利率，一年以上期限为长期利率，可以得到温州指数的利率期限结构。经过统计，温州指数的收益率曲线均为 U 形和递减型，与传统利率期限结构存在较大差异。从总体上看，其中 U 形与递减型存在短期内持续，长期内交

第5章 温州指数发展现状和问题

替的特点。从结构上看,主要差异在于一年期以上利率的高低。

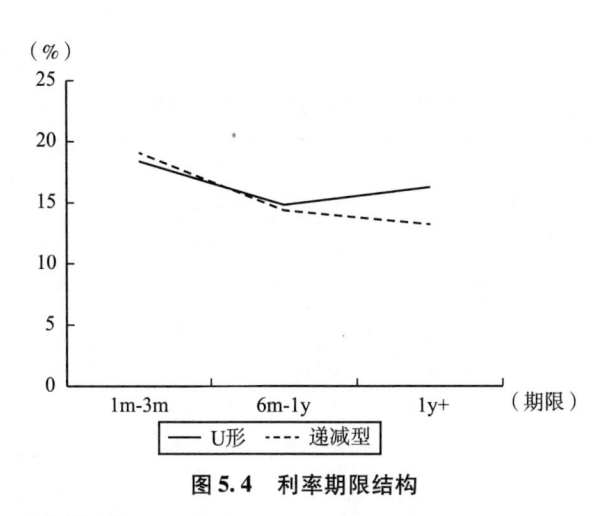

图 5.4 利率期限结构

资料来源:温州指数网站,http://www.wzpfi.gov.cn.

表 5.3 为五种期限的温州指数的描述性统计。均值、中位数、最大值三个指标上,都为 R_1m > R_3m > R_其余期限,和直观的感受相符。现在对其余期限即 6m、1y、1y + 三个期限的利率进行分析。均值为 R_6m > R_1y + > R_1y;中位数为 R_6m > R_1y > R_1y +;最大值为 R_1y + > R_1y > R_6m;最小值为 R_6m > R_1y > R_1y +。一年期和一年以上的排序基本相同,没有明显的偏好,三者之间,六月期的利率水平倾向于高于一年期和一年以上。从实际情况看,可能是由于温州民间借贷主要用于中短期资金周转,因此对一月期、三月期、六月期产生了偏好。该现象可以用市场分割理论解释,即传统的预期理论在这个市场上不成立,融资者偏好于短期借贷,造成中短期利率大于长期利率,收益率曲线成递减型。

标准差从大到小为,SD_1y + > SD_1m > SD_1y > SD_6m > SD_3m。短期需求容易受短期资金面影响,因此标准差较大。一年以上的民间借贷,久期(duration)较大,因此对市场资金松紧水平较敏感。偏度方面,一月期是左偏的,说明众数大于平均数,一月期的民间借贷市场上卖方占有利地位。六月期的偏度接近于零,峰度接近于3,J－B 统计量接近于零,在85%的置信水平下，可以认为呈正态分布。六月期的借贷市场的投资者较为理性，利率定价更合理。

表5.3　　　　　　　　不同期限的温州指数的描述性统计

统计量	1个月	3个月	6个月	1年	1年以上
均值	18.66778	17.74074	15.78926	15.30741	15.4737
中位数	18.56	17.6	15.61	15.36	15.29
最大值	20.97	19.08	17.19	17.56	18.42
最小值	15.22	16.61	13.98	13.42	13.25
标准差	1.199366	0.616503	0.789829	1.064206	1.510214
偏度	-0.5278	0.675579	-0.0971	0.193451	0.233887
峰度	3.851284	3.084257	2.539764	2.366765	2.127496
J-B统计量	2.068824	2.06182	0.28072	0.619316	1.102586
P值	0.355435	0.356682	0.869045	0.733624	0.576204

表5.4为相关系数矩阵。由于市场分割，一月期的温州指数与其余期限的利率相关性最弱。其中，三月期与六月期的相关系数为0.731219，表明三月期的利率有向六月期传导的效应，此现象符合预期理论。也就是说，在温州民间借贷市场上，利率期限结构不能用简单的预期理论或市场分割理论或流动性偏好理论来解释，但传统的理论并没有失效，看待的角度不同时，需要用不同的理论来解释期限结构。

表5.4　　　　　　　　不同期限的温州指数的相关系数矩阵

期限	1个月	3个月	6个月	1年	1年以上
1个月	1				
3个月	0.243132	1			
6个月	0.286206	0.731219	1		
1年	-0.05406	0.411065	0.204156	1	
1年以上	0.024997	0.280717	0.417152	-0.08207	1

（4）资金用途。由图5.5可知，用于投资的民间借贷占比基本稳定在2%~5%的区间内。2014年4月以来，用于生产经营的民间借贷从65%降低至30%~50%的区间内，此现象有两种可能：一是由于中小企业经营不景气，用于持续经营的民间借贷需求减少；二是由于中小企业融资难问题得到了政府的关注，越来越多的温州中小企业从正规信贷途径取得了融资，相应减少了在民间借贷的需求。

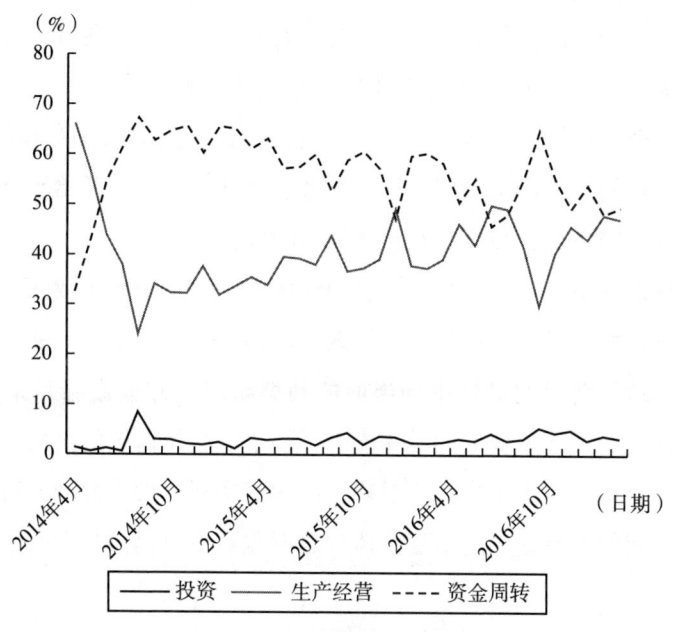

图5.5　不同用途的民间借贷占比

资料来源：温州指数网站http：//www.wzpfi.gov.cn。

2. 温州指数为监测信贷危机提供数据参考

在温州信贷危机产生之前，货币政策处于宽松水平，政府向社会投入约40000亿元的资金用于基本建设，但主要受益主体为国有、大中型企业，其凭借着良好的信誉和较大的资产规模能较快速地取得金融机构的贷款。而银行处于宏观经济预测和自身承担风险考虑，不愿意发放贷款给小微企业，小微企业难以获得银行贷款因此转向民间融资市场，民间资本迅速扩大。

中国人民银行温州中心支行 2011 年 7 月 21 日发布的《温州民间借贷市场报告》中,在温州地区信贷危机产生前,地区内民间金融规模约为 1100 亿元,民间借贷活动活跃度很高。由于社会上一些资金无法进入主流的金融体系,便自由流向金融、股市、楼市等高风险行业,其中一部分参与高利贷市场等违法活动,金融风险逐渐累积。而在 2011 年之后,国际经济下行,经济增长出现回落,国内货币政策转向紧缩,经济结构出现调整。在国内经济上升乏力和借贷利率升高的情况下,民间资本链断裂,借贷方无力偿债,许多企业纷纷倒闭。企业老板在还款的压力下,一部分走向自杀的极端。同时,温州地区企业主的"跑路"现象开始频繁出现。这一情况对当地经济的发展以及金融市场的稳定造成了一定打击,民间资本市场存在的无序性、动荡性和潜在的危害性也引起了社会的重视。许多学者也开始研究,如何有效规范民间借贷市场,减少其对经济秩序的危害。

在这种情况下,温州指数作为温州地区民间借贷利率指数的综合计算结果,可从定量的角度直观地反映民间融资市场中的资金价格,能帮助指数监测单位更好地了解民间融资市场当前的利率状况,并根据温州指数数据范围,了解其向上或向下波动的具体原因,便于对温州地区的民营经济运行情况做出定量分析,对由于信息不对称造成的借贷利率大幅变动进行高效率的调整,为民间融资市场中的借贷主体和数据监测单位提供具有时效性的数据参照。

3. 温州指数反映地区内民间金融发展规模

温州作为我国金融发展的重点地区,其民间借贷资本的规模远超于其他同级地区。据中国人民银行温州中心支行数据测算,在 1980 年温州民间金融规模约为 4.5 亿元,为银行贷款规模的 65%;1990 年,温州地区的民间金融规模为 50 亿元,为银行贷款规模的 80%,温州民间金融和银行贷款规模的比例在 10 年间提高了 15 个百分点;2001 年,温州民间金融规模达到 300 亿~350 亿元,占银行贷款规模的 45%,比例出现下降。2007 年,虽然受经济危机的影响,温州民间金融规模仍达到 6000 亿元。按之前测算出的

10%～15%的规模增长率，2012年温州地区的民间金融规模应为4500亿～5000亿元，但因为民间信贷危机的影响，出现了一定程度的规模减值。值得注意的是，由于测量口径不一致，不同机构对温州民间金融规模的预估值存在一定的差异，如温州金融办认为规模应为6000亿元，温州中小企业促进会则认为应在8000亿元左右。

2012年7月21日，中国人民银行温州中心支行发布《温州民间借贷市场报告》中，根据其中的数据统计，温州地区内大概存在89%的家庭、个人和59%左右的企业参与到民间借贷市场中，温州地区的民间信贷规模占全国信贷规模的比例大概为5.6%。一些金融组织如典当行、小额信贷公司的发展情况在全国也名列前茅。从以上数据不难看出，温州地区民间金融的发展情况较好，规模增长速度客观，公众参与民间借贷的热情较高，参与人数众多。以上为温州民间金融的快速发展起到了一定的推动作用，也进一步促进了温州地区经济的快速增长，为金融发展注入了活力。

温州地区的民间金融发展规模可以通过采集温州指数数据的过程中取得，通过不同借贷主体的市场交易金额和交易笔数数据，可以看出目前温州民间融资市场中的市场借贷主体主要以小额贷款公司为主；从不同期限的温州民间借贷利率可以看出目前融资市场中资金借贷的主要贷款期限，以短、中期借贷为主；从温州指数中最频繁出现的担保方式来看，目前温州地区民间借贷市场中主要以抵押担保方式为主，且以抵押担保方式进行的借贷笔数仍处于上升趋势；从温州指数中的融资规模交易笔数来看，目前民间融资市场的借贷规模主要为小额贷款规模。

4. 温州指数在民间金融中不可或缺

民间金融有利于民营经济发展。民营经济在国民经济中虽然占据着重要地位，但在长期以来，一直受到金融行业的各种制约，发展规模受到一定的限制，中小微企业的融资常常遭受到一定的阻碍，融资困难成为中小企业的常见问题。银行等金融机构往往将更多的信贷资金投向国有控股、大中型企业。中小微企业在向银行贷款的过程中手续十分烦琐并且常常遇到困难。民营经济的快速发展使其需要大量的信贷资金为后盾进行支撑，然而民营经济很难通过正规金融途径，例如银行贷款等方式取得所需资金，在这样的情况下，民间金融应运而生。其本身具有的信息优势、成本优势以及手续简便的特点使其能有效为中、小微企业提供融资服务。温州地区以中小型企业经济为主，因此，类似于典当行、投资公司、小额信贷公司的金融组织应运而生，以满足中、小微企业的发展需求。

民间借贷收益较高。《2004年中国区域金融运行报告》指出，国家加强宏观调控后，由于企业能够获得的直接融资金额有限，经济相对发达地区内的中、小微企业更倾向于寻找其他的融资渠道，例如民间借贷、关联融资、租赁融资等途径，在这种情况下，民间借贷利率出现明显上升情况。民间借贷市场在缓解信贷资金短缺的方面起到了不可磨灭的作用。

尽管我国居民收入和人均可支配收入不断增加，国内可供选择的正规投资方式仍然有限，主要途径仍为房地产、储蓄存款、国债、股票、债券、基金、期货、期权以及其他金融衍生产品。但储蓄存款类产品的收益率较低，且由于通货膨胀预期的影响，把钱存入银行后反而可能承受贬值的风险。同时，目前我国国债种类和发行量都无法满足居民的投资需求，而股票、基金、债券、期货、期权等产品不是投资风险较大，就是投资门槛过高，需要专业知识的储备，不利于居民积极参与。而第四类的固定资产投资，对投资者的资金门槛较高，且投资期限长，回报率较慢，资金流动性较差，居民的参与热情不高。相较之下，居民更乐于将资金投入利率高于银行存款利率，风险介于储蓄和股票之间，门槛较低的民间借贷市场。

民间金融在优化资源配置，提高资金使用率方面起到了巨大的作用。在经济长期发展的过程中，大量资本逐渐累积，中小微企业在发展过程中需要大量信贷资金作为支撑，为累积的资本提供了一条输出道路。并且，民间金融存在着信息、地域以及成本优势，在一定程度上保证了民间金融对借贷对象的信用风险、资产情况以及偿付能力有更加准确的判定，因此能对借贷行为的潜在风险做出较准确的权衡。同时，能将储蓄行为转变为投资活动，为经济活动中剩余的闲置资金提供出口渠道，优化社会资源配置，提高资金利用效率。

5. 温州指数的成效

温州指数于 2012 年 12 月正式发布，作为中国第一个地区性民间借贷金融指数，发布初期是以利率价格的形式。温州指数每周在温州市金融办和温州民间借贷服务中心门户网站定期发布。发布的内容除了温州地区的民间金融利率指数，还包括温州·中国民间融资综合利率指数，具体内容包括：全国性民间直接借贷利率指数、全国地区性小额贷款公司利率指数以及全国地区性民间借贷综合利率指数。温州构建了一个温州指数发布平台即时发布最新民间借贷利率指数，并和其他信贷指数提供实时对比，为民间借贷利率提供了可依据水平。同时，温州指数的覆盖地区也在不断扩大，其准确性和可靠性也在不断增强。

5.2 温州民间借贷市场利率现状分析

1. 温州民间借贷利率概况

民间借贷的组织形式多种多样，从最原始、最简单的自由借贷，到互助合作的金融组织，如农村信用合作社和城市信用合作社，还有历史上最古老的金融业——典当行，以及担保公司、小额贷款公司，这些都属于合理且合法的借贷途径；而银背（借贷双方之间的中介，发展为经营存贷业务的职业货币经营者）、温州城乡常见的合会这些属于合理但不合法的组织；地下钱庄、非法私募是既不合理也不合法的借贷方式。不同的组织形式和交易对象导致其利率差别也很大，主要包括零利率或低利率、中等利率以及高利率。

零利率或低利率出现在自由借贷中，主要存在于亲朋好友之间或熟悉的企业之间，一般不会超过 5%，借贷行为的发生不是为了获利而是帮助亲友应急。这种借贷交易规模小，主要建立在民间信用的基础上，利率低于同等规模的银行贷款利率，部分也可能是无息借款；中等利率一般高于同期银行贷款利率，但根据《最高人民法院关于人民法院审理借贷案件的若干意见》的规定，不应超过银行基准贷款利率的 4 倍，是民间借贷利率的主要形式，一定程度上代表了在民间借贷市场上借贷资金的真正价格水平。这类借贷行为主要是用于生产性周转需要，利率水平的高低取决于借贷双方的议价能力、借贷双方的信用状况等。高利率一般指在银行基准贷款利率 4 倍以上的利率，在全国范围内普遍存在，东部沿海地区比较集中，可能是因为受到违法经营活动高额回报的刺激，但又无法从正规渠道获取资金，于是去借高利贷。简而言之就是为了牟取暴利。

2. 温州民间借贷利率发展特征分析

（1）借贷资本总量递增。温州民间资金相较于国内其他地区较充裕，这些民资积累主要来源于产业利润和房地产投资以及正规金融机构融资而来。温州民间金融资本约有 5000 亿～6000 亿元，民间借贷总量约为 800 亿元。随着实体经济的发展，物价指数增长由负转入正，温州人储蓄意愿随之下降，个人投资热情高涨，导致银行大量储蓄资金流出进入民间借贷市场，或流向了从事类似地下钱庄的高利息社会集资的类担保公司。温州各类担保公司有 350 余家，而在温州市经贸委备案的寥寥无几，此外还有一些打着担保公司名义进行民间集资活动的类担保公司，以及合会、典当行、地下钱庄等从事高利息非法集资活动的，利率区间在 20%～40% 内，使得不少民间闲置资金涌入。

（2）参与主体范围扩大。最开始，民间借贷仅限于亲朋好友与居民之间，后面逐渐演变成为居民与企业之间、多家企业之间。

（3）融资结构以中小额贷款为主，且利率呈下降趋势。据温州地区 403 个监测点的最新数据显示，截至 2018 年 2 月，小额借贷（100 万元以下）金额占比 36.78%，中额借贷（大于等于 100 万元且小于 500 万元）金额占比为 39.1%，大额借贷（大于等于 500 万元）金额占比为 24.12%。相比较 1 月份，中额借贷和大额借贷占比环比分别上升 3.83 个和 2.45 个百分点。

3. 民间借贷利率形式趋于多样化

20 世纪 80 年代，温州民间借贷利率随着民间金融的形式变化而不断发生变化。主要有自有借贷、企业集资、合会、银背、私人钱庄、典当行等；90 年代开始，民间借贷出现了新的形式，主要是 180 多家农村合作基金会、农村信用合作社以及融资租赁公司等。

5.3　温州民间金融存在的问题

1. 温州民间金融监管困难

温州地区的民间市场经济非常发达，民间金融活动十分频繁，也充分活跃。据不完全统计，目前温州地区一共具有 15 类地方金融市场主体，数量总共为 2300 多家，在温州指数数据的收集过程中也将这些金融主体纳入了监测体系。并且，温州地区为有效进行金融监管，专门成立了由法院、公安、财政等 20 多家部门共同组成的地方性经济监管协调组织，帮助推进地区性金融风险监测，风险等级评价和金融风险处置工作。

然而，由于民间借贷活动通常不存在固定场所，金融组织形式较散乱，对借贷活动中的参与者的约束性较低，民间借贷资本一直游离在政府监管以外。民间借贷主体间存在的内部隐秘联系，使其借贷手续十分简单，借贷行为存在相当程度的不规范性。民间借贷行为的不规范性导致其游离于可靠的金融监管之外。而在对温州地区民间金融风险进行监测的同时，温州监管部门也将调整地区民间融资利率纳入了监管体系，根据数据显示，在温州地区金融改革进程开始后，民间融资综合利率水平已经逐渐下降，开始逐渐向合理区间靠拢。同时，民间融资的契约撮合资金权重开始逐渐提升，这表示温州地区的民间融资市场的自主流动性也在逐渐提高。

2. 温州民间金融缺乏规范性

虽然温州民间金融已发展到一定水平，但其具体规模仍没有一个确切的数值。国内的学者对于温州民间金融的预测值也相差较大，究其原因，主要是民间金融的本身特征。民间金融本身具有灰色性和不规范性，简单的手续给参与者不被官方认可的感觉，因此参与者大多通过非正规渠道进行借贷活动。目前在温州地区的借贷形式和金融主体分别为私人借贷、企业借贷和企业内部融资等形式和钱庄、当铺、集资合会和金融信息互助基金公司等主体。民间金融活动错综复杂，借贷行为严重缺乏规范性。高利率借贷现象不断存在，融资后"跑路"行为也频繁出现，民间融资利率处在容易失控的边缘地带。长此以往民间借贷的风险不断累积，非规范性借贷行为增多，一旦信贷资金的资金链出现断裂，对市场造成的波动较大，危害金融稳定。

3. 温州指数标准难以确定

针对民间金融综合指数的采集，国内学者进行了多次探讨，从最初的单一金融指数设计到采用复合指标体系，包括金融相关率、银行信贷资金占比、私人企业信贷占国家总信贷的比例等，以此评价国家的金融发展水平。但由于民间借贷活动的隐蔽性，温州指数的数据收集十分困难。而单一指标虽然可操作性较强，但缺乏全面性，因此如何对数据进行有效收集并且真实准确地反映温州指数成为亟待解决的问题。

温州地区的民间融资利率出现了在低位点徘徊的反常情况。自 2017 年下半年以来，温州指数始终处在相对较低的范围之内，并且尽管到了往年的高位点时期，如春节时期，温州指数也没有反弹回升的现象。其中一个原因是，温州指数监测部门认为这可能与温州指数采集范围出现变化有关。从 2017 年上半年开始，指数收集机构发现部分数据收集点的借贷主体已经出现了运作困难的状况，而这些数据点在原本的温州指数采集范围中所占的权重较大，因此进行调整后，将更接近实际情况的温州地区小额贷款公司在计算中所占比例提高。而从统计结果来看，自数据收集的样本范围进行调整

第 5 章 温州指数发展现状和问题

后,温州指数的数据大小更加接近现实情况下的融资利率。另外一个原因则是由于国内开始实施宽松的货币政策,银行的信贷供给量逐渐增多,导致民间借贷利率被迫下降,表现出温州指数的低利率情况。

温州指数是对不同借贷主体、不同借贷产品在不同借贷期限内的利率进行综合加权平均得出的计算结果。截至 2018 年,目前已有 400 多个监测点,指数的监测体系已初步建立。但由于民间资本流动性较大,隐蔽性较强,准确有效的指数评价指标体系仍需要不断的完善,以便对民间借贷行为进行高效的跟踪。

第 6 章
温州指数的变动影响因素研究

6.1 供给成本对温州指数的影响

1. 机会成本

对于民间融资来说，受资金机会成本影响的主要是资金的供给方，主要指的是资金被用于发放贷款以外的用途所能获得的最大收益，如将资金用于消费或投资实业所带来的收益，或是资金供给方放弃将资金投入正规金融机构所带来的收益。由于当前各类投资市场收益率变化快，不确定因素较多，因此民间资金投资机会较多。一般情况下，机会成本跟经济繁荣程度、正规金融机构回报率成正相关。当一国经济越繁荣，投资者投资于实业可能获得的回报率越高，或投资于正规金融市场的回报率越高，那么参与民间融资的机会成本则越大，因此要求的回报率就更高。

2. 交易成本

民间融资中的交易成本主要指的是放贷者在放贷过程中对借款者进行信息搜集、调查和评估等所产生的费用，这些费用通常从民间贷款利率中得到补偿。民间金融市场有私人信息方面的优势，借贷双方的关系越密切，私人信息共享就越多，这样交易成本变低，利率就越低，反之亦然。在同等条件下，因为民间融资单笔数额相对于正规金融机构贷款数额较小，所以其交易成本要比正规金融机构的高。

3. 风险溢价

民间借贷市场的风险由法律风险、政策风险和信用风险组成。

（1）法律风险主要是因为一些民间金融市场的交易是法律所不允许的，而且相当一部分游走于法律的盲区。放贷人的利益无法得到法律有效保障，这使得民间融资市场面临的风险远远大于正规金融市场。理论上讲，国家整治力度越大，法律风险越大，则放贷者要求的风险溢价越高。2011年，温州发生"民间借贷风波"，出现了20起以上因为借贷人无法偿债而"跑路"的事件，导致了大量违约现象的出现，这对地下钱庄利率高居不下有一定的影响。

（2）政策风险主要指宏观经济政策、经济周期、资金供求、通货膨胀等整体经济形势变化，使得借贷者还贷能力变化的风险。当经济越繁荣，借贷者现金流充足，还贷能力就越强，那么政策风险就越小，民间融资利率自然就越低，反之亦然。

（3）信用风险其实与交易双方关系相关，关系越密切，私人信息共享就越多，由于人情关系的约束，违约的风险就越小，因此放贷者要求的风险溢价越小。

6.2 经济变量对温州指数的影响

1. GDP 带来的影响

本书选取了2013~2017年的温州地区生产总值总量及其增速与"温州指数"进行对比分析。从图6.1中可以看出，温州地区生产总值总量增长越快，温州指数下降，反之，温州地区生产总值总量增长越慢，温州指数则上升，即温州指数与温州地区生产总值的增速成反向变动。

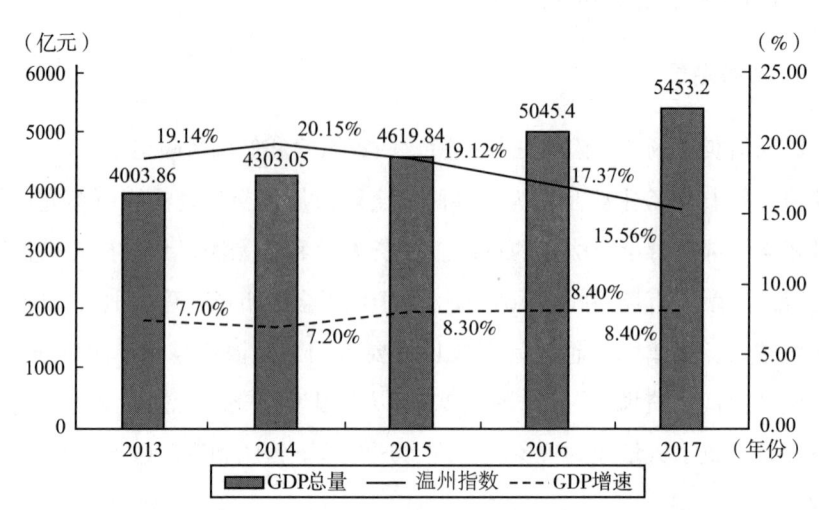

图 6.1　2013～2017 年温州地区生产总值总量及增速与温州指数的关系

资料来源：温州指数网站 http://www.wzpfi.gov.cn。

2. 货币供应量带来的影响

不同的货币政策会对民间借贷市场产生影响，主要通过货币供应量的变动。调节货币供应量促使商业银行调整其信贷行为。当货币供应量过度充足的时候，商业银行对贷款规模的控制使得大多数中小企业和个人经营户感觉到银行贷款审查条件更加严格，不得不转向民间借贷市场寻求资金融通。民间借贷需求增加，从而导致民间借贷利率上行，反之亦然。

3. 房价带来的影响

房价的变动会引起民间借贷利率变动。目前我国房价收入比远远高于国际上的合理房价收入比，人们住房支付能力有限。因此大部分购房者都需要贷款融资，用以支付购房费用，但房价过度膨胀会使得人们抑制其购房需求，对于一些不满足正规金融机构贷款要求、需要从民间借贷市场借入资金的购房者来说，购房的需求也会下降，温州民间借贷在这一方面减少了借贷需求，从而导致温州民间借贷利率有所下降。

6.3 温州指数变动因素实证分析

温州指数的影响因素很复杂,在前人研究成果的基础上,结合第 5 章对温州指数的变动影响因素理论方面的研究,本章运用以下经济变量指标来进行分析。货币供应量 M_2、居民消费价格指数(Consumer Price Index,CPI)和温州新建住宅销售价格指数 FJ 对温州指数的影响程度。

1. 数据的选取与模型的设定

本章选取了 2005 年 7 月至 2017 年 12 月的月度数据作为样本区间,共 180 个样本数据,资料来源为"温州指数"WZPFI 官网、Wind 数据库、中国国家统计局网站、东方财富网以及中国人民银行温州市中心支行历年的监测统计。

本书运用 EView 9.0 软件,被解释变量 Y 为"温州指数",解释变量 M2 为货币供应量、FJ 为温州新建住宅销售价格指数,$\beta_1 - \beta_3$ 为各变量的回归系数,ε 为随机误差项。以这些变量构建多元线性回归模型:

$$Y = \alpha + \beta_1 \ln Y(-1) + \beta_2 \ln M2 + \beta_3 D \ln FJ + \varepsilon \qquad (6.1)$$

2. 模型分析

为了研究各变量之间的影响,下面对各变量进行相关性检验。若被解释变量与自变量之间相关性高,那么所建模型是有意义的;若自变量之间的相关性过高,则模型回归的结果是不可靠的。为消除异方差,先将变量进行对数处理。从表 6.1 中来看,被解释变量 Y 与各解释变量的相关系数相对较高,$\ln M2$、$\ln FJ$ 之间的相关性并不高,因此保留所有变量。

表 6.1　　　　　　　　　　　相关性检验

变量	Y	ln$M2$	lnFJ
Y	1	0.571488	-0.567234
ln$M2$		1	-0.279137
DlnFJ			1

3. 单位根检验与 EG 协整检验

由于虚假回归问题的存在，所以在进行回归模型拟合时，必须先检验各序列的平稳性。对各变量进行 ADF（Augmented Dickey – Fuller test，增项 DF 单位根检验）检验，ADF 检验原理如下：

时间序列一般需要进行平稳性检验，非平稳的时间序列直接进行分析，可能会导致伪回归的问题。

增项 DF 单位根检验计量经济学的时间序列分析中，检验时间序列模型有无单位根的检验方法。

ADF 检验是增项 DF 检验，DF 检验由 Dickey 和 Fuller 于 1979 年提出。DF 检验用于检验变量的非平稳性。若时间序列模型中含有单位根，则模型是非平稳的。对于 AR（1）自回归滞后一阶模型，滞后期系数如果等于 1，则无法收敛。DF 检验的原假设为 H0：beta = 1，H1：beta < 1。其中 beta 可以用 OLS 去估计。$t = (beta - 1)/std(beta)$。t 统计量并不服从 t 分布，而是服从 DF 分布。DF 分布是 Dickey Fuller 研究的专门检验单位根的分布，DF 检验是左单侧检验，当计算的 t 高于临界值则接受原假设（此模型是非平稳的），若 t 小于临界值，则拒绝原假设（此模型是平稳的）。增项 DF 检验简称（ADF）用于更为复杂的模型，当模型 AR（p）高阶自回归，或者带有截距项以及趋势项的时候，需要做差分 ADF 检验。检验一般是三个基准模型，a：AR（1），b：AR（1）再加截距，c：b 的基础上再加趋势。一般先从 c 开始单位根检验，当确定不含有趋势后，继续用 b 检验，若存在单位根，继续用 a 检验。当然在这个过程中如果发现不存在单位根，则检验

第6章 温州指数的变动影响因素研究

结束。如果检验的 c 模型仍然不能拒绝存在单位根，说明可能不平稳，则进行一阶差分后再检验，如果仍然存在单位根，再差分……直到拒绝单位根为止。根据模型的选定，分别查 ADF 分布表，对应临界值判断是否存在单位根。在 ADF 检验中，由于做了差分，通常的原假设是系数 = 0，因此 t 统计量服从 t 分布，可以通过回归的 t 值来和 ADF 分布进行对比。在计量软件 EViews 中，unit root test 选项可以根据研究的需要直接进行 ADF 检验。得到结果见表 6.2 所示。

表 6.2　　　　　　　　　各变量 ADF 检验

变量	ADF 的 t 统计量	1%水平下	5%水平下	10%水平下	检验结果
$D(Y)$	-11.37379	-4.021254	-3.440471	-3.144707	平稳
$D(\ln Y)$	-11.06649	-3.474874	-2.880987	-2.577219	平稳
$D(\ln M2)$	-12.74416	-3.474874	-2.880987	-2.577219	平稳
$D(\ln FJ)$	-9.584445	-3.474874	-2.880987	-2.577219	平稳

根据上述检验结果得出，Y、$\ln Y$、$\ln M2$、$\ln FJ$ 的原始序列在 5% 的显著性水平下不拒绝原假设，表明原序列是不平稳的，而一阶差分以后，$\ln Y$、$\ln M2$、$\ln FJ$ 都为平稳序列。

各变量都属于同阶单整，采用 EG 协整检验法进行检验变量之间是否存在协整关系。利用协整回归构建的回归模型进行 EG 协整检验，得到检验结果见表 6.3 所示。

表 6.3　　　　　　　　　EG 协整检验

EG 协整检验	统计量	P 值
Engle-Granger tau-统计量	-10.60785	0.0000
Engle-Granger z-统计量	-127.9969	0.0000

EG 协整检验的 tau 值所对应的 P 值为 0，说明拒绝原假设，即存在协整关系，残差序列的 ADF 检验的结果 P 值为 0，残差序列平稳，也说明回归模型中各变量存在协整关系。

4. 回归结果分析

运用普通最小二乘法进行估计，得到回归结果，如图 6.2 所示。根据图 6.2 的数据，得到模型的回归结果如下：

$$Y = -23.07367 + 17.07245\ln Y(-1) - 0.574884\ln M2 - 7.879589D\ln FJ + \varepsilon$$
$$(-12.73219) \quad (42.93394) \quad (-3.357177) \quad (-1.872633)$$
$$R^2 = 0.952484 \quad D.W. = 1.724134 \quad (6.2)$$

Dependent Variable: Y
Method: Least Squares
Date: 05/22/18   Time: 15: 15
Sample (adjusted): 2005M082017M12
Included observations: 149 after adjustments

Variable	Coefficient	Std. Error	t – Statistic	Prob.
C	-23.07367	1.812231	-12.73219	0.0000
$\ln Y(-1)$	17.07245	0.397645	42.93394	0.0000
$\ln M2$	-0.574884	0.171240	-3.357177	0.0010
$D\ln FJ$	-7.879589	4.207760	-1.872633	0.0631

R – squared	0.952484	Mean dependentvar	16.87436
Adjusted R – squared	0.951501	S. D. dependentvar	4.063830
S. E. of regression	0.894960	Akaike info criterion	2.642404
Sum squared resid	116.1384	Schwarz criterion	2.723047
Log likelihood	-192.8591	Hannan – Quinn criter	2.675168
F – statistic	968.8606	Durbin – Watson stat	1.724134
Prob (F – statistic)	0.000000		

图 6.2　回归结果

从以上回归结果可以得出，$R^2 = 0.952484$，调整后的 $R^2 = 0.951501$，模型对样本的拟合效果较好，F 值为 968.8606，对应的概率 P 值为 0.0000，说明回归方程显著，即各解释变量联合起来确实对被解释变量 Y 有显著影响。

5. 实证小结

根据 2005 年 7 月至 2017 年 12 月"温州指数"月度数据，构建多元线性回归模型，运用 EG 协整检验法检验各经济变量之间是否均衡的关系。从实证结果来看，可以得到以下结论：

（1）货币供应量变化对"温州指数"有负向影响。当温州指数变动 1% 时，货币供应量反向平均变动 0.228911%。

（2）温州新建住宅销售价格指数对"温州指数"有负向影响。当温州指数变动 1% 时，温州新建住宅销售价格指数反向平均变动 1.902306%。

（3）居民消费价格指数对"温州指数"有正向影响。当温州指数变动 1% 时，居民消费价格指数正向平均变动 5.322963%。

6.4 主要货币政策工具对民间借贷利率指数的影响

从时序图 6.3 中，可以看到温州指数和 P2P 网贷指数存在明显的下降趋势，原因之一是 2011 年 11 月至 2016 年 3 月，我国正处于降准降息周期中[1]。不论是传统还是新兴的民间借贷，作为居民和企业获取信贷的方式之一，都受到了货币政策的影响。下面将研究主要货币政策工具对不同民间借贷利率指数的影响程度。

---

[1] 资料来源：中国人民银行. http://www.pbc.gov.cn/goutongjiaoliu/113456/113469/index.html.

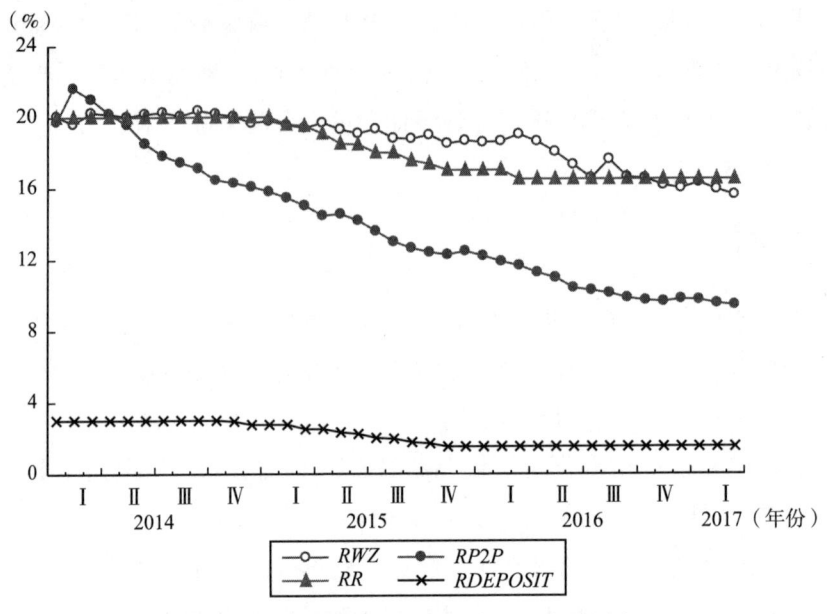

图 6.3 2014 年 1 月~2017 年 3 月变量时序

1. 变量选取

样本区间为 2014 年 1 月至 2017 年 3 月。变量为温州指数 RWZ、P2P 网贷指数 $RP2P$、存款准备金率 RR、一年期存款基准利率 $RDEPOSIT$，见表 6.4 所示。数据分别来源于温州指数网站、网贷之家、东方财富 Choice 数据、中国人民银行网站。

表 6.4 各变量及其名称

名称	变量
RWZ	温州指数（温州地区民间融资综合利率指数）
$RP2P$	P2P 网贷指数（综合预期收益率）
RR	存款准备金率
$RDEPOSIT$	存款基准利率（一年期）

2. 计量过程及结论

见表 6.5 所示，P2P 网贷指数、存款准备金率的 ADF 统计量均小于 1%

第6章 温州指数的变动影响因素研究

显著性水平下的临界值，温州指数的 ADF 统计量小于5%显著性水平下的临界值，存款基准利率的 ADF 统计量小于10%显著性水平下的临界值。在10%显著性水平下，四个变量都是平稳的。

表6.5　　　　　　　　　　平稳性检验结果

变量	(c, t, k)	ADF 统计量	临界值 1%	临界值 5%	临界值 10%	P 值	结论
RWZ	(0, 0, 1)	-2.15701**	-2.62896	-1.95012	-1.61134	0.0315	平稳
$RP2P$	(0, 0, 0)	-3.97691***	-2.62724	-1.94986	-1.61147	0.0002	平稳
RR	(0, 0, 0)	-3.20570***	-2.62724	-1.94986	-1.61147	0.0021	平稳
$RDEPOSIT$	(0, 0, 2)	-1.62618*	-2.63076	-1.95039	-1.61120	0.0972	平稳

注：*表示10%显著性水平，**表示5%显著性水平，***表示1%显著性水平。

下面将研究原始序列平稳的货币政策工具变量（存款准备金率、存款基准利率）对民间借贷利率指数（温州指数、P2P 网贷指数）的影响。

首先对平稳的 RWZ、$RP2P$、RR、$RDEPOSIT$ 建立 VAR 模型，确定最优滞后阶数，见表6.6所示。

表6.6　　　　　　　　　　滞后期选择

滞后阶数	LogL	LR	FPE	AIC	SC	HQ
0	-113.519	NA	0.008046	6.528846	6.704793	6.590256
1	69.75876	315.6454*	7.46e-07*	-2.764376*	-1.884643*	-2.457325*
2	83.4364	20.51646	8.80e-07	-2.63536	-1.05184	-2.08267
3	101.2844	22.80577	8.71e-07	-2.73802	-0.45072	-1.93969

注：*表示10%显著性水平，**表示5%显著性水平，***表示1%显著性水平。

LR、FPE、AIC、SC、HQ 统计量均显示最优滞后阶数为1阶，重新建立包含1阶滞后项的 VAR 模型。

对构建的 VAR 模型进行变量外生性检验，确定模型所含的内生变量与外生变量,见表6.7所示。

表6.7 变量外生性检验结果

因变量	卡方统计量	自由度	P值
RWZ	14.87079	3	0.0019
RP2P	0.555008	3	0.9067
RR	20.42819	3	0.0001
RDEPOSIT	8.561537	3	0.0357

联合检验显示,在5%显著性水平下,RWZ、RR、$RDEPOSIT$均为内生变量,$RP2P$为外生变量。

重构VAR,根据SC信息准则,确定最优滞后阶数为1阶,建立内生变量为RWZ、RR、$RDEPOSIT$,外生变量为$RP2P$的含1阶滞后项的VAR模型。温州指数的回归结果如下

$$RWZ_t = 0.748RWZ_{t-1} + 0.802RR_{t-1} - 1.736RDEPOSIT_{t-1} + 0.087RP2P_t - 7.437$$

$$(7.899^{***}) \quad (2.617^{**}) \quad (-2.488^{**}) \quad (1.779^{*}) \quad (-2.092^{**})$$

VAR估计结果显示,存款准备金率与存款基准利率的一阶滞后项对温州指数有显著影响。反映了温州民间借贷作为市场的一部分,受到了如存款准备金率和存款基准利率的货币政策工具显著影响。同时,滞后一期的存款准备金率对温州指数产生了正向影响,而存款基准利率对温州指数产生的是负向影响。可能的解释是,数量型货币政策工具对市场总体的资金松紧度产生了影响,其中包含民间借贷市场;而从货币市场至民间借贷市场的货币政策传导途径不够通畅,因此实证结果与理论不一致。

3. 脉冲响应

对AR根进行观察,所有根均在单位圆内,表明VAR模型是稳定的,可以进行脉冲响应和方差分解,如图6.4和图6.5所示。

第6章 温州指数的变动影响因素研究

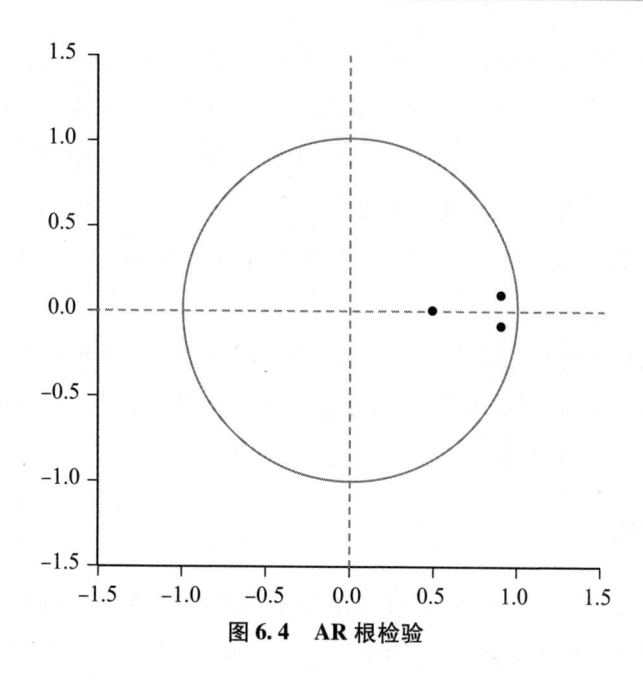

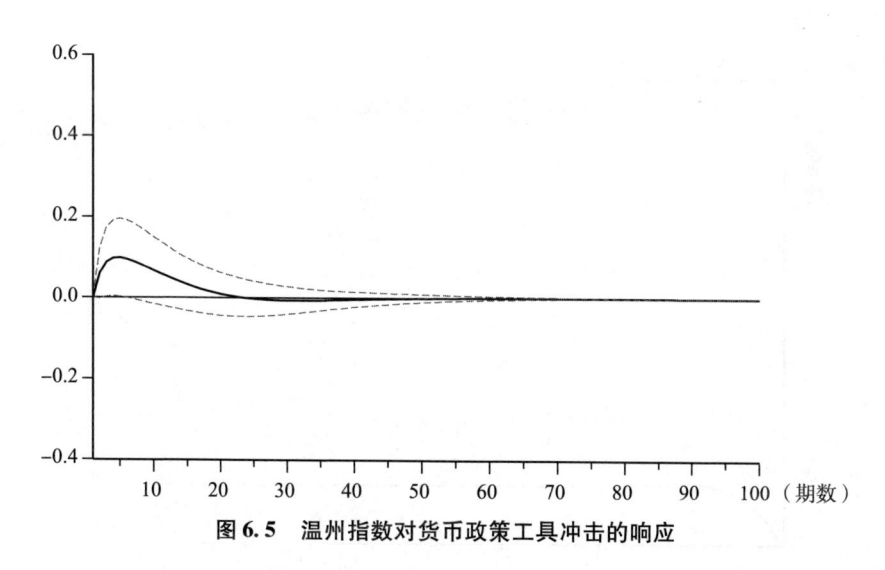

图6.4 AR根检验

图6.5 温州指数对货币政策工具冲击的响应

当存款准备金率受到一个标准误差的正交化冲击时,温州指数存在正向响应,在第 4 期时,响应达到最大值 0.1。随着时间的推进,响应逐渐消失。存款准备金率的上升,意味着正规金融渠道的流动性被央行回收了一部分,中小企业更难从银行获得贷款,部分融资需求转向民间借贷,需求的增加使民间借贷的利率上升,脉冲响应的结果是符合现实的。

当存款基准利率受到冲击时,首先会对温州指数产生负向作用,并在第 3 期达到最小值 −0.15,在第 12 期后,变为正向作用,并在第 18 期达到最大值 0.04,之后逐渐减小。

4. 方差分解

方差分解显示(图 6.6),存款准备金率解释了温州指数 15% 的方差,存款基准利率解释了温州指数 24% 的方差。存款基准利率对温州指数的波动贡献度较大。

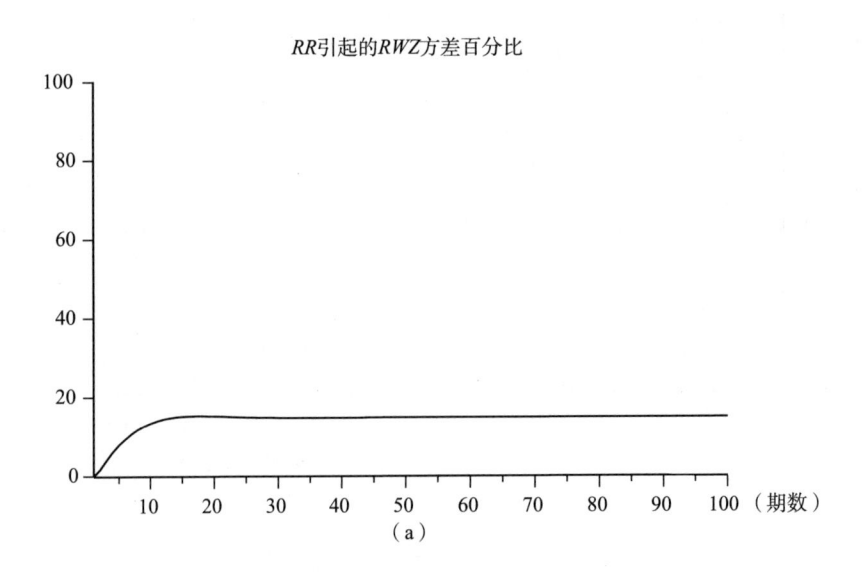

RR 引起的 *RWZ* 方差百分比

(a)

第6章 温州指数的变动影响因素研究

*RDEPOSIT*引起的*RWZ*方差百分比

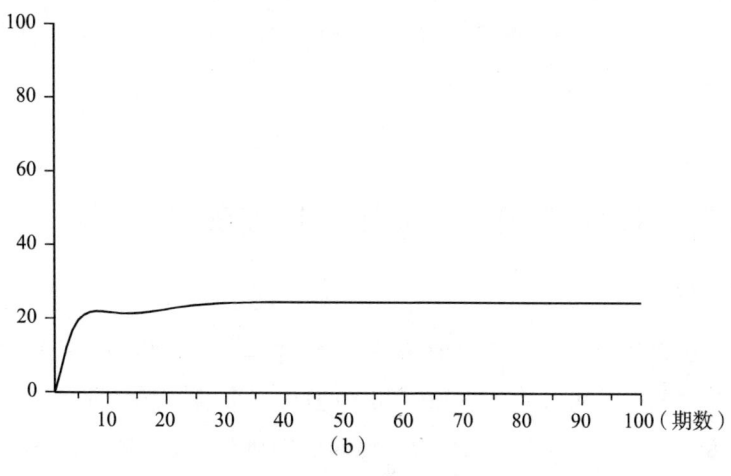

(b)

图6.6 方差分解结果

5. 本节小结

（1）存款准备金率对温州指数的影响。

从理论上来说，存款准备金率为央行的数量型货币政策工具。当央行下调存款准备金率后，商业银行的流动性增加，将会增加贷款的发放。对中小企业来说，更有可能从银行获得贷款，通过民间借贷途径的融资需求减少，需求的减少将使民间借贷利率下降，即与存款准备金率同向变动。

VAR估计结果显示，存款准备金率的一阶滞后项对温州指数存在显著影响，温州民间借贷作为市场的一部分，受到了存款准备金率的正向影响；脉冲响应显示，当存款准备金率受到冲击时，温州指数存在正向响应，且在第4个月达到最大值；方差分解显示，存款准备金率解释了温州指数15%的方差。综合计量结果，温州指数显著受到了存款准备金率的正向影响，实证结果是符合理论基础的。

（2）存款基准利率对温州指数的影响。

从理论上看，存款基准利率为央行的价格型货币政策工具，当央行降息后，闲置资金进行储蓄的意愿降低，存款将转化为消费和投资。对投资者来说，此时民间借贷的预期收益率相对较高，因此民间借贷的供给将增加。在市场出清后，民间借贷利率也将降低，即与存款基准利率同向变化。

6.5 不同经济环境影响下的比较研究

温州在 2005～2018 年之间有过两个经济波动较大的时期，一个是 2008 年 9 月金融危机时期，一个是 2012 年 10 月温州金融改革时期。因为异常的经济环境，导致在这两个时期的温州民间借贷利率以及各种宏观经济变量的波动不同于经济稳定时期，所以将样本数据进行分段研究，研究经济发展预期和通货膨胀对温州民间借贷利率的影响。

1. 数据的选取和模型的设定

本节选取 2005 年 1 月至 2018 年 3 月的月度数据作为样本区间，资料来源为"温州指数"官网、Wind 数据库、中国国家统计局网站。运用 EView 9.0 软件，被解释变量 wzindex 为"温州指数"，解释变量 PMI 为制造业采购经理指数，CPI 为居民消费价格指数，以这些变量构建时变结构向量自回归模型。

2. 模型结果分析

本节将马尔可夫链蒙特卡罗方法应用于时变结构变量的估计，对样本数据的前 40 个样本进行训练来获得参数，用以预测未来变量。模型回归得到两个时期变量的脉冲响应图以及各变量残差的标准差波动图，如图 6.7～图 6.9 所示。

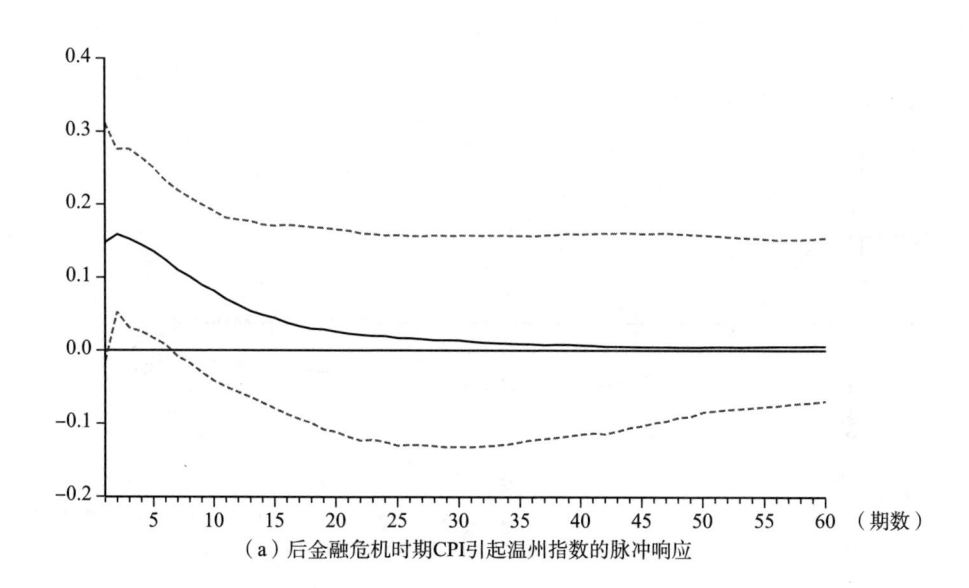

第6章 温州指数的变动影响因素研究

（a）后金融危机时期CPI引起温州指数的脉冲响应

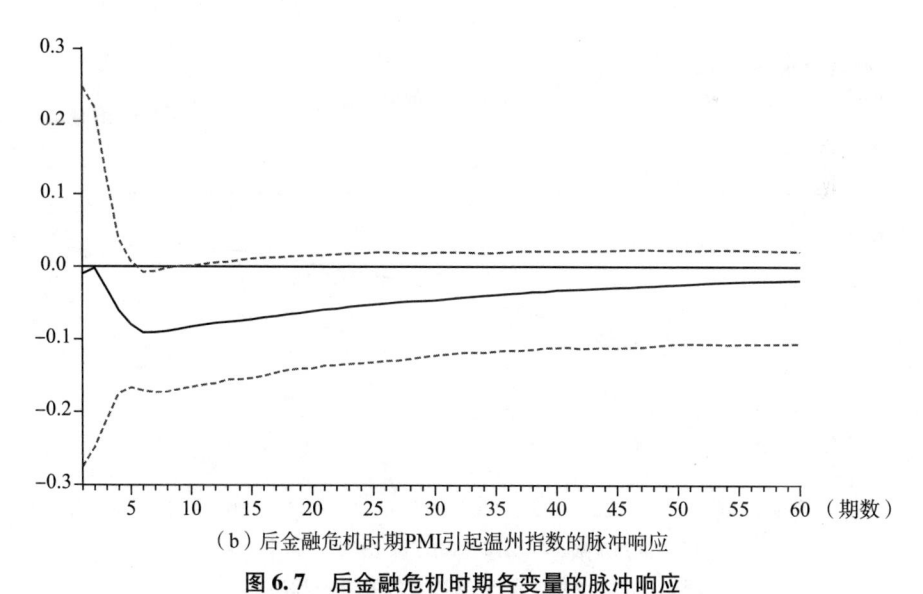

（b）后金融危机时期PMI引起温州指数的脉冲响应

图6.7 后金融危机时期各变量的脉冲响应

（a）后温州金融改革时期CPI引起温州指数的脉冲响应

（b）后温州金融改革时期PMI引起温州指数的脉冲响应

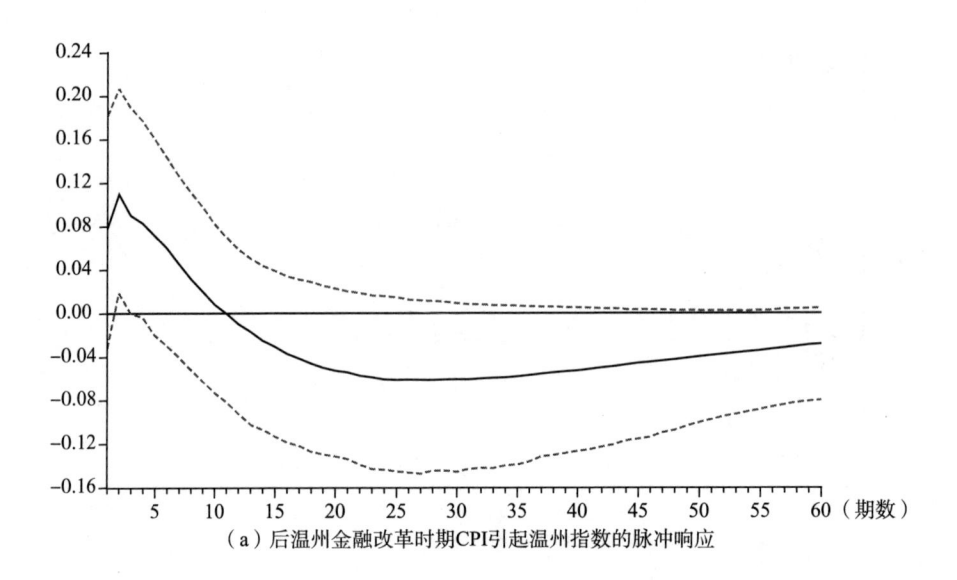

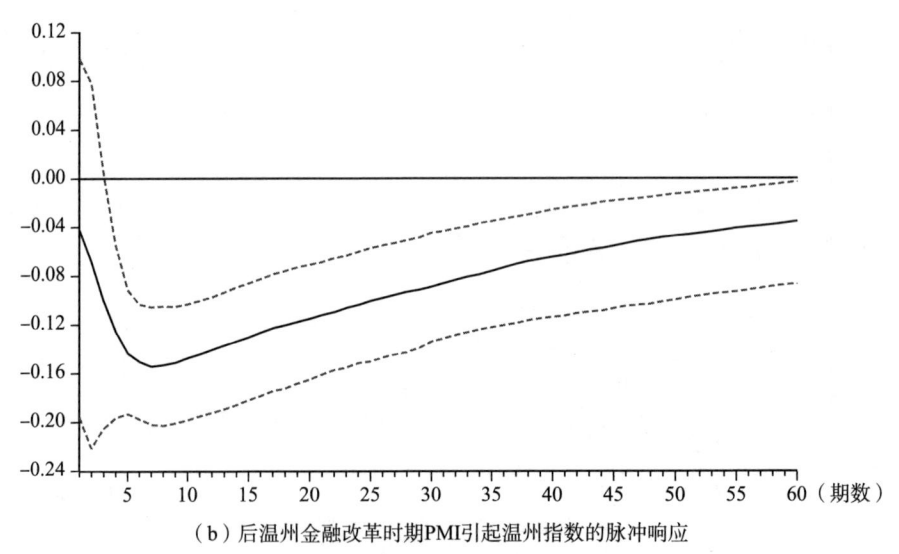

图 6.8　后温州金融改革时期各变量的脉冲响应

第6章 温州指数的变动影响因素研究

（a）温州指数残差的标准差波动

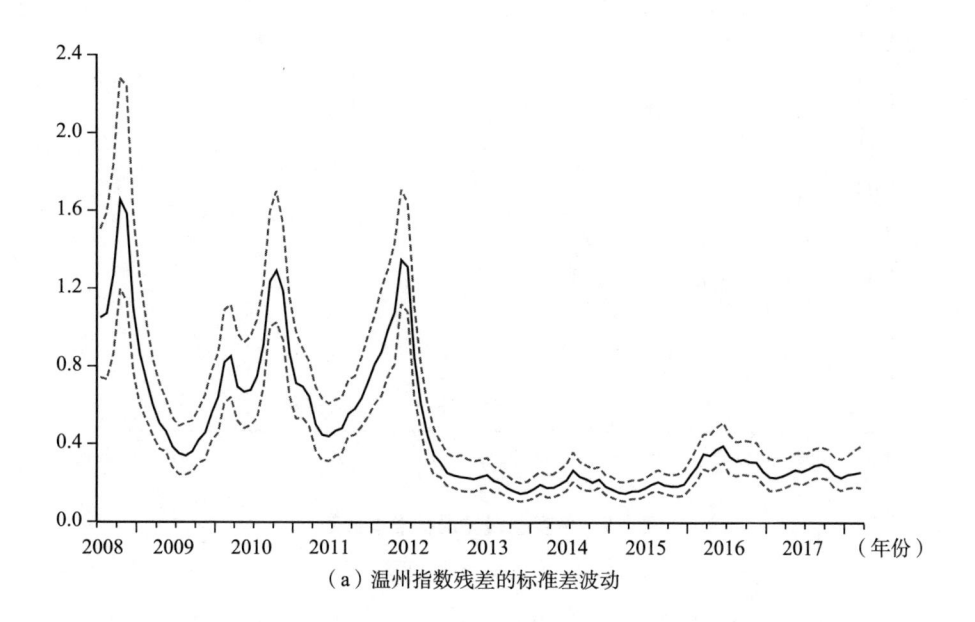

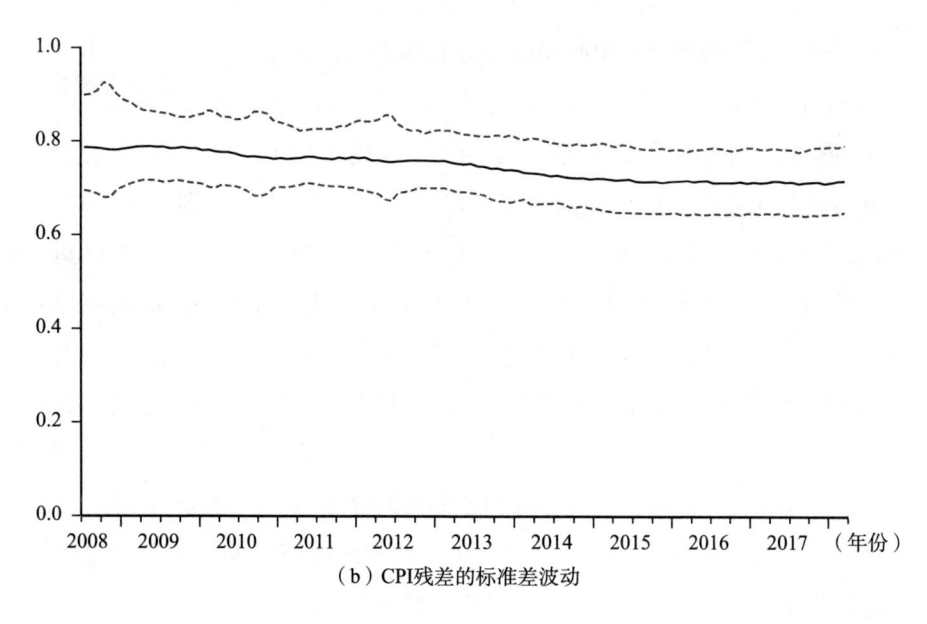

（b）CPI残差的标准差波动

(c) PMI残差的标准差波动

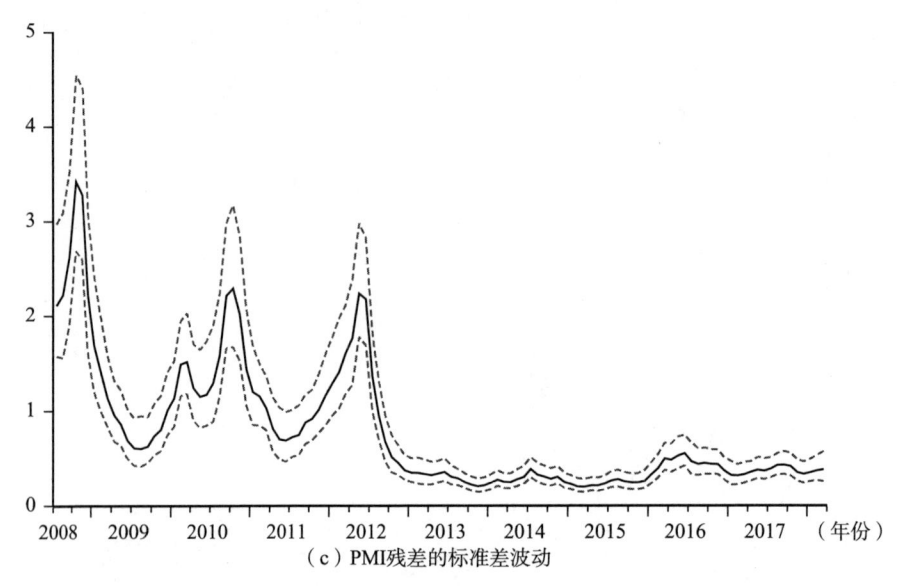

图6.9 各变量残差的标准差波动

由图6.7（a）和图6.8（a）可以看出，在CPI滞后的第2期，两个时期的1单位CPI的变动对温州民间借贷利率正向冲击最大。第一个时期CPI对温州民间借贷利率的冲击呈正向变动，随后逐渐变小；第二个时期CPI对温州民间借贷利率的冲击使其在滞后的11期内均呈正向变动且逐渐减小，11期后呈负向冲击，然后逐渐趋于平稳。由图6.7（b）和图6.9（b）可得，两个时期的PMI都在滞后的第7期达到最大的负向冲击，且整体呈负向冲击，随后慢慢趋于平稳。由图6.9各变量的残差标准差波动图可以看出，温州指数在2008年到2012年11月期间残差的标准差波动过大；CPI整体趋向平稳；PMI的残差标准差先是波动剧烈，在2012年10月之后趋于平稳。

将金融危机与金融改革两个时期各变量的脉冲响应函数进行比较，如图6.10所示。从图6.10（a）中可以看出，后金融改革时期温州民间借贷利率受其自身冲击相较于后金融危机时期的要小得多。

从图6.10（b）中看出，短期趋势内，金融危机时期CPI在滞后的11期内对温州民间借贷利率的冲击力度比在后金融改革时期的冲击要大，此后

第6章 温州指数的变动影响因素研究

冲击力度逐渐减弱,当11期后,金融改革时期之后的温州民间借贷利率开始出现明显的负向反应,且其受到的冲击明显大于金融危机时期之后所受到的冲击。造成这种结论的可能原因是金融危机时期之后的一段时间内,政府救市提供4万亿元投资,货币政策宽松,导致通货膨胀率增长,贷款条件放宽,但资金大多流向大型企业,中小企业对民间借贷需求增加,因此民间借贷利率上升;而金融改革时期,政府对温州民间借贷利率进行了规范化管理,数据监测采集更加严谨,温州民间借贷利率有所下降,导致CPI对其冲击出现了负向影响。从长期趋势来看,在温州金融改革之后温州民间借贷利率对CPI变动的敏感程度要大于金融危机之后温州民间借贷利率对CPI变动的敏感程度,这说明温州金融改革还是有一定成效的,使得温州指数受CPI变动的影响更敏感,更能快速进行调整。

从图6.10(c)中可以得出,温州民间借贷利率在金融危机时期受到PMI的冲击比在金融改革时期受到冲击要小,且为负向影响。在金融危机时期滞后的第2期内,PMI对温州民间借贷利率的冲击在变小,造成这种现象的原因可能是危机刚刚爆发之后,企业对于经济预期还是看好的,PMI虽然有所下降,但下降得比较缓慢,此时企业因日常经营需要借入资金进行生产经营,少部分中小企业也会因为对未来预期看好而扩大再生产,需要通过民间借贷来融资,从而导致短期内温州民间借贷利率有所上升,但贷款需求并不大,利率总体上涨有限。金融危机时期之后的一段时间里,政府救市,大型企业得到贷款资金来解决企业危机,大量中小企业抵抗危机也需要借入资金,来源就是民间借贷资金,因此温州民间借贷利率相对较高,但PMI反映的是一国经济发展的预期,温州的PMI短期内相对全国的PMI下降得稍微平缓一些,因此PMI对温州民间借贷利率的反向冲击还是较小的。金融改革时期,一方面因为温州的实体经济在金融改革后的恢复期内处于极度萧条期,属于泡沫破灭,温州PMI普遍偏低,但全国PMI预期较好;另一方面民间借贷受加强监管和规范化管理的影响,温州指数在金融改革后的一段时间内持续走低,所以才会出现PMI对温州民间借贷利率的负向冲击更大。

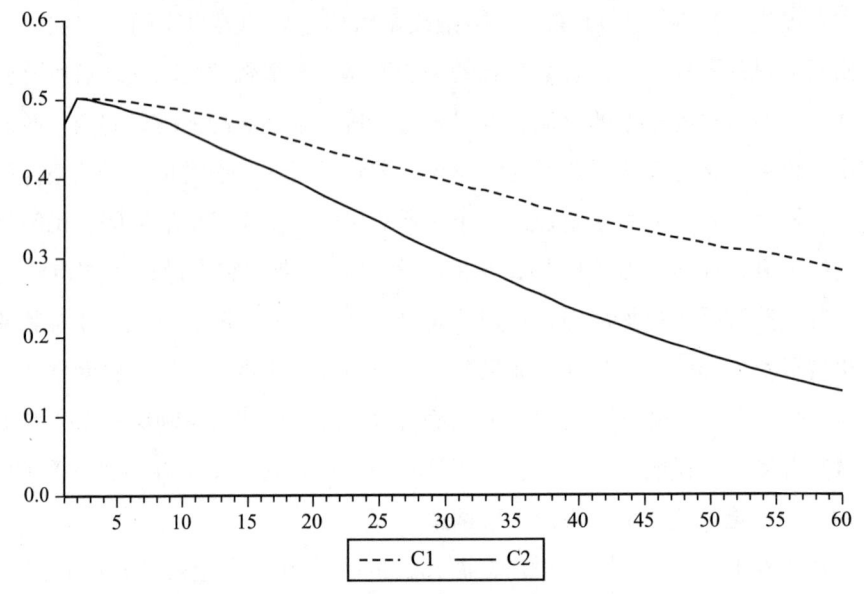

（a）两个时期后温州指数的脉冲响应比较

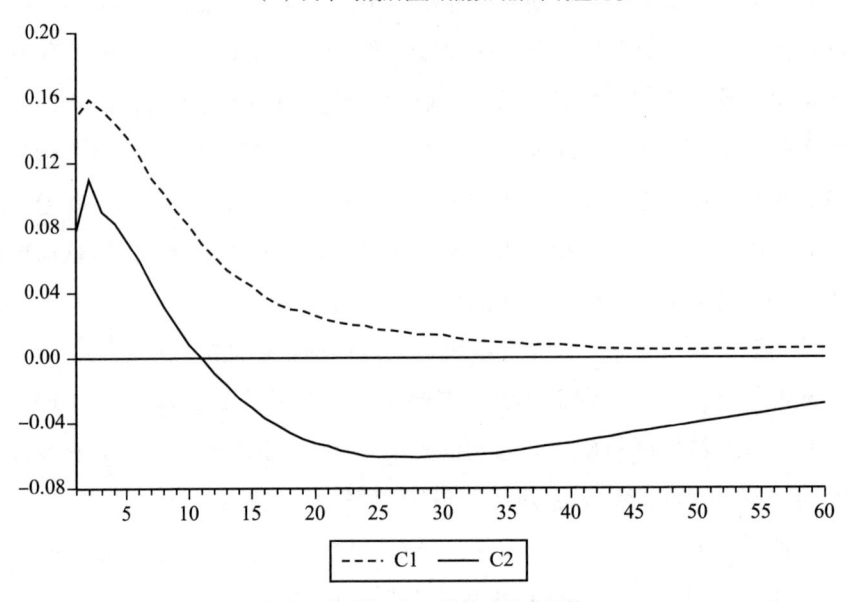

（b）两个时期后CPI的脉冲响应比较

第 6 章　温州指数的变动影响因素研究

（c）两个时期后PMI的脉冲响应比较

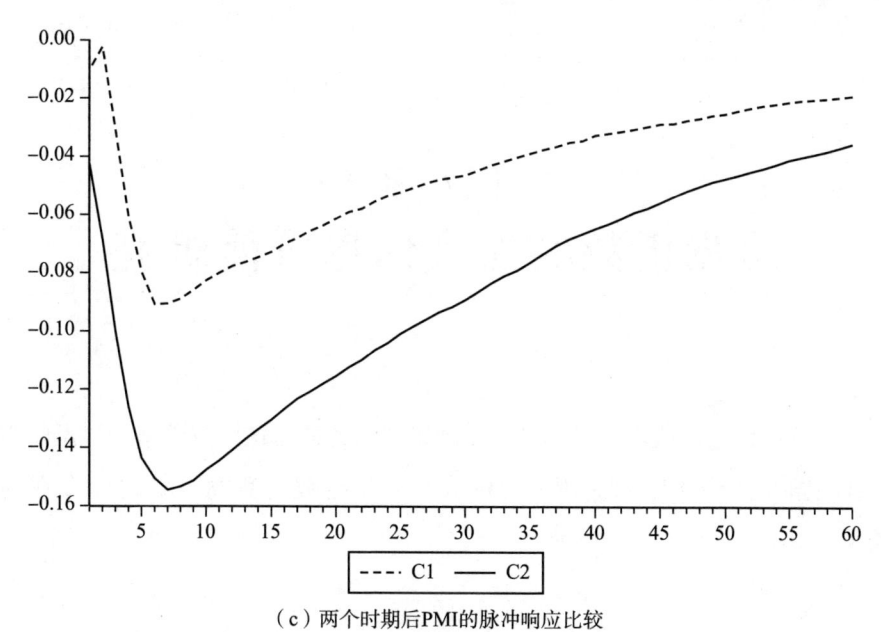

图 6.10　两个时期后各变量的脉冲响应比较

第 7 章
温州指数的宏观信息价值研究

本章从信息价值以及对不同货币政策变量的冲击这两方面来探讨温州指数在我国经济环境中的应用，尝试寻找温州指数与我国经济之间存在的关系。

7.1　温州指数利率期限结构的信息价值

1. 数据的选取与模型的设定

本章选取 2013 年 1 月至 2018 年 3 月的温州地区民间借贷分期限利率指数的月度数据作为研究样本，共 63 个样本；选取的宏观变量为货币供应量增长率（loan）、上海银行间 3 个月期同业拆放利率（Shanghai Interbank Offered Rate，SIR）、国债收益率（bond）和居民消费价格指数（Consumer Price Index，CPI），代表实体经济、货币政策和通货膨胀的情况，能够有效地捕捉宏观经济的主要特征。数据来源于"温州指数"官网以及 Wind 数据库。

本节采用主成分分析法对动态因子模型进行参数估计，得到水平因子、斜率因子和曲率因子序列，然后将三因子与宏观经济变量建立门限回归模型，剖析三因子的宏观信息价值。主成分的基本原理如下：

主成分分析方法的基本原理是基于数学转换，从众多相互关联的基础变量中提炼出一定数量的互不相关的复合变量。提取出的复合变量保留了基础变量蕴含的信息特点，因此可以通过分析提取出的新复合变量研究原本的基础变量。新提取出的复合变量叫作原始变量的主成分。该方法能够对数据进行有效降维，是研究以及检验复合变量因素系统的方差或协方差结构的一种统计方法。

在对民间借贷的利率期限结构研究中，本书用期限的连续函数代表不同期限的即期利率，因此从当前具有的利率期限中挑选出一定数量的离散型借贷期限，这些离散型期限在对应的收益率曲线上所表示的点叫作主干点，不同的主干点表示不同的主干利率水平，主干利率水平的变化即提到的基础变量。

主成分可以用主干利率变化的线性组合来表示

$$p_i = \sum_{j=1}^{n} p_{i,j} \Delta r_j \tag{7.1}$$

p_i 为主成分，Δr_j 为主干利率变化值，$p_{i,j}$ 为主成分系数。式（7.1）的矩阵形式为：

$$\begin{bmatrix} p_1 \\ \cdots \\ p_n \end{bmatrix} = \begin{bmatrix} p_{1,1} & \cdots & p_{1,n} \\ \cdots & \cdots & \cdots \\ p_{n,1} & \cdots & p_{n,n} \end{bmatrix} \cdot \begin{bmatrix} \Delta r_j \\ \cdots \\ \Delta r_n \end{bmatrix} \tag{7.2}$$

$p_{i,j}$ 为主成分系数矩阵，p_i 和 Δr_j 分别为主成分和主干利率变化的向量。

主成分系数矩阵通过温州地区民间融资市场上的交易资金价格数据取得。通过挑选相应数量的主干利率，在此模型中，选取的数据则为1月期、3月期、6月期、1年期和1年以上的民间借贷利率，在一定时间内按照相应的、特定的间隔观测特定数目的不同融资期限利率水平，然后对利率水平的观察值进行一阶差分处理，得出不同借贷期限利率变化的数据系列，最终获得不同融资期限的利率水平相对应的主干利率，并根据主干利率的变化情况构成矩阵 W。通过求出矩阵的协方差矩阵 $\sum$，验证 $\sum$ 的特征向量所构成的矩阵 E 是否为主成分的系数矩阵，验证方法见式（7.3）所示进行求解。

$$\sum \begin{bmatrix} p_{i,1} \\ \dots \\ p_{i,n} \end{bmatrix} = \lambda_i \cdot \begin{bmatrix} p_{i,1} \\ \dots \\ p_{i,n} \end{bmatrix} \tag{7.3}$$

主成分分析法的具体目标分为以下三类：研究每个主干利率水平变化的具体情况，具体表现为利率水平的波动性和借贷资金偿还时间长短之间的关系；研究不同主成分利率水平之间的相关性，具体表现为研究不同期限的借贷利率变动之间相关性的方向和数量大小；确定有效的主成分数量来描述利率期限的变动情况，并确定主成分对利率曲线的解释程度。

利率曲线上的总体波动性能够用于衡量该曲线上的全部主干利率的整体波动情况，在数据上表现为得到的 λ_i 之和，即整体波动性 $\sum_{j=1}^{n} \lambda_j$。某一主成分对整体波动性的解释能力即为该成分对整体波动性解释的比例，可表示为解释比例 $\varepsilon_i = \lambda_i / \sum_{j=1}^{n} \lambda_j$。主成分的解释比例提供了关于利率曲线不同期限利率之间的联动情况，因此能够用前几个主成分的解释比例数据大小决定描述利率曲线变动的主成分必要数量。

2. 不同期限结构的温州指数的描述性统计分析

根据温州地区民间借贷分期限利率指数的月度数据，得出其描述性统计量，见表 7.1 所示。

表 7.1　　　　不同期限结构的温州指数的描述性统计　　　　单位：%

融资期限	均值	极大值	极小值	标准差	离散系数
1 月期	21.33444	26.45000	17.90000	1.663008	9.290547
3 月期	17.81429	20.49000	15.39000	1.330479	8.645088
6 月期	16.18905	18.37000	14.10000	1.206502	8.556752
1 年期	15.32667	17.56000	13.38000	1.112523	8.314821
1 年期以上	15.57508	18.5100	13.30000	1.186514	8.921158

从均值上看，利率水平由高到低排序依次为1月期、3月期、6月期、1年期、1年期以上。民间借贷利率期限结构大体成U形曲线。从离散系数来看，1月期最高，然后依次为1年期以上、3月期、6月期、1年期。1月期的短期借款大多用于周转性需求，期限短，金额相对较高，正规金融机构一般不向小型企业提供这类贷款，因此民间资本市场具有了一定的垄断性，从而导致借贷利率普遍偏高。而1年期以上的民间借贷由于借款回收周期较长，受到多重因素的影响，风险较大，因此离散程度较高，利率波动较大。根据温州指数网站发布的《2018年3月份温州指数运行情况》显示，3月份的期限利率，1月期利率最高为20.73%，随着期限增加，利率不断下降，1年期利率最低为14.35%，1年期以上利率出现小幅反转为14.38%。相比较2月份，除1年期以上利率下降1.55个百分点以外，其他各期限利率均有不同程度上升，不同期限间的最大利率差变大。从不同期限的交易金额看，温州民间借贷主要以1月期、6月期和1年期为主，占比分别为26.29%、21.72%和26.13%。

以1月期的温州指数与1年期的温州指数进行对比，进一步计算温州地区民间借贷分期限利率指数的期限利差。可得到期限利差的波动中位数为6.02%，偏度为0.113632，是其轻微右偏分布，序列分布有长的右拖尾。峰度为2.492242，相对于正态分布是平坦的。单位根检验可得，单位根的t检验统计量为-3.978253，对应的P值为0.0028，在1%、5%、10%的显著性水平下，均拒绝原假设，表明该序列不存在单位根，是平稳序列。

3. 温州指数变动的因素分析

本章按利率期限结构将样本数据分为1月期、3月期、6月期、1年期以及1年以上这五组，计算不同期限结构的温州指数的样本相关系数，得到其样本相关系数矩阵，见表7.2所示。

表 7.2　　　　　　　不同期限结构的温州指数的相关系数

期限结构	1月期	3月期	6月期	1年期	1年以上
1月期	1	0.623833	0.734715	0.523680	0.106988
3月期		1	0.902204	0.659932	0.324159
6月期			1	0.673388	0.234861
1年期				1	0.172592
1年以上					1

根据样本相关性分析结果可知，各期限的温州指数均存在正相关关系，且对比不同期限结构的利率可以发现，除了1月期与一年以上的温州指数之间相关性相对不显著之外，3月期与6月期的温州指数间相关性最强，1月期与6月期的温州指数间表现的相关性较强，1月期、3月期、6月期以及1年期两两之间表现的相关性都较显著。这表明绝大部分温州民间借贷期限利率产品拒绝市场分割理论假设。

基于已得到的样本数据的相关性分析结果，运用主成分分析法，通过降维的思想提取主成分，得到结果见表 7.3 所示。

表 7.3　　　　　　　温州民间借贷分期限利率的因子载荷

融资期限	PC1	PC2	PC3	PC4	PC5
1月期	0.451185	-0.259713	0.627254	0.552934	0.172621
3月期	0.520580	0.051582	-0.026222	-0.568784	0.634140
6月期	0.533231	-0.084365	0.108222	-0.362794	-0.751808
1年期	0.450761	-0.111907	-0.765307	0.445586	0.007079
1年期以上	0.194699	0.954069	0.091970	0.201453	-0.052944

五个因子的特征值分别为 3.157462、0.947390、0.477433、0.337210 以及 0.080505，特征值之和为 5。第一个成分占总方差的 63.15%，第二个

成分占总方差的 18.95%，第三个成分占总方差的 9.55%，前三个成分占方差的 91.65%，表明前三个成分能解释温州民间借贷分期限利率中 91.65% 的变动情况，因此保留前三个主成分 PC1、PC2 和 PC3。主成分分析将不同期限结构的温州民间借贷利率 5 维数据变量降至 3 维，使其组合风险与三因子相联系。

根据主成分分析得到三个主成分的因子载荷与利率期限变动的关系，如图 7.1 所示。其中，y1 表示 1 个月，y3 表示 3 个月，y6 表示 6 个月，y12 表示 1 年期，ym12 表示 1 年期以上。从第一个主成分的不同期限利率的系数来看，1 年期以上的温州民间借贷利率的系数较小。短期利率高于长期利率，不同期限利率随经济环境发生整体性移动，表明了温州民间借贷利率的水平移动，因此第一主成分代表水平因子。第二个主成分中，只有 3 月期的短期利率和 1 年期以上的长期利率同向变动，其他期限结构的利率反向变动，出现"弓身"现象，这表明温州民间借贷期限利率的曲率变化，因此第二主成分代表曲率因子。从第三个主成分趋势线可以看出，曲线明显扭曲以及趋势线陡峭程度，因此第三主成分代表斜率因子。

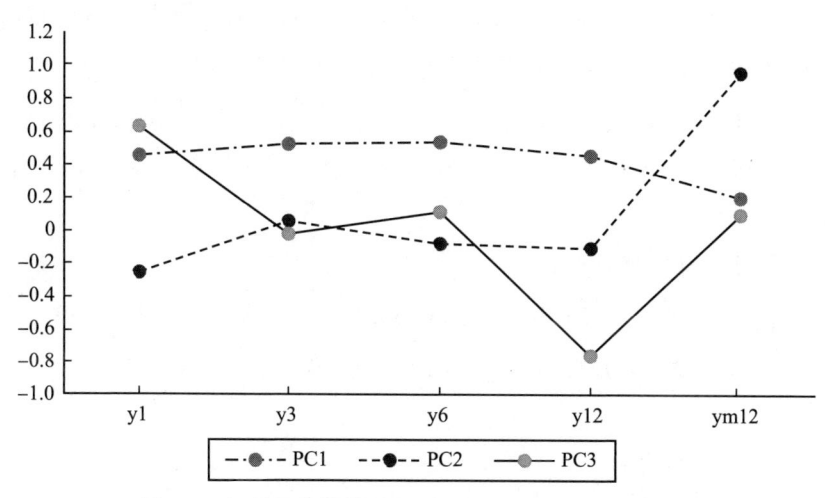

图 7.1 温州民间借贷利率期限与主成分因子载荷关系

由此我们可以得出，在不同期限结构下，温州民间借贷利率的变动是由三因素共同驱动的。第一因素水平因子对利率期限结构的影响最大，该因素能解释63.15%的风险变动；第二因素曲率因子表明了长期利率与中期利率方向相背离，能够用其解释18.95%的利率变化；第三因素斜率因子发现不同期限结构的温州民间借贷利率的曲线明显扭动，该因素解释了9.55%的利率变化。

相关温州指数变动的因素分析数据，见附录A。

4. 门限回归分析

以因子分析为基础，提取三因素与宏观经济变量进行门限回归。因某些月份数据缺失，此处所有变量选取2014年11月到2018年3月的数据作为样本区间。通过格兰杰因果关系检验可知，从一阶滞后情况来看，在5%的显著性水平下，货币供应量增长率的变动是水平因子变动的格兰杰原因，也是居民消费指数变动的格兰杰原因；在10%的显著性水平下，国债收益率的变动是曲率因子变动的格兰杰原因。

根据格兰杰因果检验结果，建立门限归回模型，从图7.2的门限回归结果可知，R^2为0.861865，即模型的回归相对成功，F值为53.03406，对应的概率P值为0.0000，表明方程在5%的显著性水平下显著。变量中除CPI_{t-1}外，t统计量对应的P值都小于5%，而CPI_{t-1}的t统计量对应的P值为0.0508，小于10%，说明各变量在5%、10%的显著性水平下均显著。

由此可以得到模型如下

$$\begin{cases} L = 1.8585 - 0.6393 loan_{t-1} + 0.3834 CPI_{t-1} & bond < 3.2510999 \\ L = 4.6260 - 0.9493 loan_{t-1} + 0.3834 CPI_{t-1} & bond \geqslant 3.2510999 \end{cases}$$

(7.4)

第7章 温州指数的宏观信息价值研究

Variable	Coefficient	Std. Error	t – Statistic	Prob.
	BOND < 3.2510999 – 15 obs				
C	1.858539	0.817656	2.273009	0.0295
LOAN (–1)	–0.639331	0.192271	–3.325151	0.0021
	3.2510999 ≤ BOND – 24 obs				
C	4.626000	0.371385	12.45607	0.0000
LOAN (–1)	–0.949331	0.102394	–9.271379	0.0000
	Non – Threshold Variables				
CPI (–1)	0.383421	0.189403	2.024366	0.0508
R – squared	0.861865	Mean dependent var		–0.093384
Adjusted R – squared	0.845614	S. D. dependent var		1.428088
S. E. of regression	0.561124	Akaike info criterion		1.801460
Sum squared resid	10.70525	Schwarz criterion		2.014738
Log likelihood	–30.12848	Hannan – Quinn criter.		1877982
F – statistic	53.03406	Durbin – Watson stat		2.530587
Prob(F – statistic)	0.000000			

图 7.2　门限回归结果

5. 实证小结

根据样本数据构建门限回归模型，从实证结果来看，可以得到以下结论：

水平因子与货币供应量增长率和居民消费价格指数之间存在较强的影响。上期的居民消费价格指数在任意国债收益率水平上对水平因子产生正向影响。国债收益率相当于市场无风险利率，该模型以 3.2510999 的国债收益率为界限，当国债收益率相对较低时，水平因子变动 1 个单位，上期货币供应量增长率反向变动 0.6393 个单位，而当国债收益率相对较高时，水平因子变动 1 个单位，上期货币供应量增长率反向变动 0.9493 个单位。从中可以看出，国债收益率高，说明此时采取紧缩的货币政策，央行回笼货币，导致货币供应量减少，上期货币供应量增长率对水平因子的反向影响程度更大。

7.2　金融改革前后的信息价值比较

1. 金融改革前信息价值分析

（1）在预测官方与汇丰 PMI 差异的信息价值分析。

中国物流与采购联合会、国家统计局服务业调查中心每月联合发布的官方 PMI 与汇丰银行公布的 PMI 常出现差异，本书引入温州民间借贷利率对该差异进行分析。两 PMI 数据及其差异（GAP）图，如图 7.3 所示。

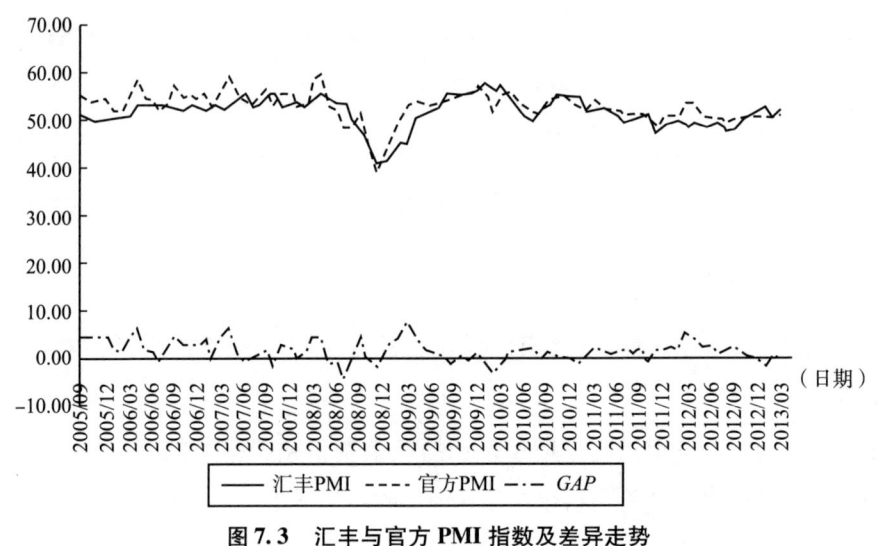

图 7.3　汇丰与官方 PMI 指数及差异走势

经测算各变量的自相关系数见表 7.4 所示。

表7.4　　　　　　　　　变量及其自相关系数

变量名称	PMI指数差异	温州民间借贷利率	汇丰PMI指数	官方PMI指数	上海银行间同业拆借利率	官方贷款利率
变量简称	GAP	R	R1	R10	Labor	Ck
自相关系数	0.51	0.98	0.89	0.78	0.80	0.96
均值	1.12	0.16	51.61	52.72	2.25	6.16
中位数	1.2	0.134	52.4	53.2	2.26	6.12
最大值	7.6	0.25	57.6	59.2	4.56	7.47
最小值	-4.9	0.11	40.9	38.8	0.84	5.31
标准差	2.11	0.05	3.42	3.37	0.89	0.75
偏度	0.15	0.99	-1.01	-1.43	0.48	0.41
峰度	3.73	2.32	4.19	6.96	2.81	1.94

对两变量采用均值相等的检验后，发现 t-test = -2.087617，两变量相等的概率为0.0384，说明官方PMI指数与汇丰PMI指数存在较大的差异。通过ADF检验，发现汇丰PMI不是平稳数列，而GAP、$d(r)$、$d(dk)$ 和官方PMI是平稳数列，因此不能直接回归或者格兰杰（Granger）检验。我们考察其差异 $GAP = official - hf$ 影响因素，建立如下的回归模型。

$$GAP_t = \alpha + \beta_1 GAP_{t-1} + \beta_2 D(R) + \beta_3 D(DK) + \beta_4 D(libor) + \mu_t \quad (7.5)$$

其回归结果见表7.5所示。

表7.5　　　　　　　GAP影响因素回归结果

变量	相关系数	标准误	t值	概率
GAP(-1)	0.432764	0.096709	4.474902	0.0000
DR(-1)	-78.56225	32.68884	-2.403335	0.0189
C	0.697485	0.235922	2.956418	0.0042
DDK	2.945675	1.165382	2.527647	0.0137
DSHIBOR	-0.949071	0.374045	-2.537321	0.0134
R^2	0.385130	Mean dependent var		1.074667

可以得出，GAP可以被上一期差异、上一期温州民间借贷利率变化、当期官方贷款利率的变化、当期银行间同业拆借利率（以下简称"拆借利

率")解释38%左右的信息量。其差异与上一期温州民间借贷利率的变化和拆借利率负相关,与同期贷款利率的变化呈现正相关。

可能的解释为PMI指数是当月底公布的,温州民间借贷利率本月中旬公布上月数据、拆借利率也是本月公布上月的数据。若温州民间借贷利率(或者拆借利率)上升,由于此利率是企业家融资行为的结果,说明中小企业的企业家比国有企业更看好未来前景,所以汇丰PMI较大,因此GAP降低,两者呈现负相关。相反,当贷款利率是官方制定的,企业家只能被动接受。如果官方利率上升,说明政府压制过热的经济,所以代表国有企业的官方PMI变化较小,而代表中小企业的汇丰PMI下降较快,因此GAP增加,两者呈现正相关关系。

为了进一步增强说服力,我们从另外一个角度进行分析,用民间借贷利率(地下金融)与官方金融的利差来建立模型。

$$GAP_t = \alpha + \beta_1 GAP_{t-1} + \beta_2 D(GAPGF) + \beta_3 D(GAPLILV) + \mu_t \qquad (7.6)$$

其中,GAPGF为拆借利率与官方贷款利率之差,GAPLILV为温州民间借贷利率与拆借利率之差。

回归结果见表7.6所示。

表7.6　　　　　　　基于公式(7.6)的EViews结果

变量	相关系数	标准误	t值	概率
$D(GAPGF)$	-1.595037	0.494149	-3.227850	0.0019
$D(GAPLILV)$	-0.567676	0.314770	-1.803463	0.0755
$GAP(-1)$	0.456572	0.096766	4.718321	0.0000
C	0.661740	0.235740	2.807078	0.0064
R^2	0.353646	Mean dependent var		1.078947

实证结果发现:GAP可以被其上一期差异、正常官方利差及民间正常金融利差的变化解释35%以上的信息量。该差异与这两个因素都呈现负相关。这两个指标都是表明金融二元化程度的指标,二元化程度恶化,则两项PMI指数的差异就越小。也就是说如果拆借市场利率变化大于官方贷款利率变

化，或民间借贷市场利率变化大于拆借市场利率变化，大部分民营企业贷款成本变化较大，因此两项 PMI 指数的差异就越小。

另外，从因果检验关系来看，我们分别检测了滞后期 1、2、3 阶，发现温州民间借贷利率与正常金融拆借利差的变化是引起两项 PMI 指数差异的 Granger 原因（见表 7.7）。同时，温州民间借贷利率与正常金融贷款利差不是引起两项 PMI 指数差异的 Granger 原因。表明中小企业制造业信心对正常官方利率不敏感，而只对温州民间借贷利率和银行间拆借利率敏感。

表 7.7　　温州民间借贷利率与正常金融拆借利差与两项 PMI 指数差异的 Granger 因果检验

零假设	样本数	$F-$统计量
DGAPLILV 不是 GAP 的格兰杰成因	5.07489	0.0273
GAP 不是 DGAPLILV 的格兰杰成因	0.67964	0.4124
DGAPCK 不是 GAP 的格兰杰成因	2.87776	0.0941
GAP 不是 DGAPCK 的格兰杰成因	0.24751	0.6203

（2）基于门限协整的温州民间借贷利率与官方、汇丰 PMI 关系差异分析。

①门限协整理论介绍。Enders、Siklos（2001）提出了门限自回归和惯性—门限自回归模型的分析方法，具体见徐寒飞（2005）及徐小华（2008）。

②门限协整实证过程和结果分析。先就两个变量进行一元回归，$Y = -c + aX + \mu_t$，这里 Y、X 分别表示温州民间借贷利率和官方 PMI，残差为 $\{\mu_t\}$，定义 Heaviside 示性函数

$$I_t = \begin{cases} 1 & \mu_{t-1} \geq \tau \\ 0 & \mu_{t-1} < \tau \end{cases} \quad 或 \quad M_t = \begin{cases} 1 & \Delta\mu_{t-1} \geq \tau \\ 0 & \Delta\mu_{t-1} < \tau \end{cases}$$

分别对两变量进行门限协整和惯性—门限协整的检验，即对下式模型进行估计

$$\Delta\mu_t = I_t \rho_1 \mu_{t-1} + (1 - I_t)\rho_2 \mu_{t-1} + \sum_{i=1}^{p} \gamma_i \Delta\mu_{t-i} + \varepsilon_t \tag{7.7}$$

$$\Delta\mu_t = M_t \rho_1 \mu_{t-1} + (1 - M_t)\rho_2 \mu_{t-1} + \sum_{i=1}^{p} \gamma_i \Delta\mu_{t-i} + \varepsilon_t \tag{7.8}$$

根据赤池信息准则（Akaike Information Criterion，AIC），得到滞后项阶数 $p=1$。然后，分别对 $t=0$ 和不为 0，采用恩德 Enders 和思科洛斯 Siklos（2001）提供的方法，分别对门限自回归模型（Threshold Autoregressive model，TAR）和惯性门限自回归模型（Momentum Threshold Autoregressiv model，MTAR）两个模型估计，采用 EViews 6.0 软件编程计算，程序见徐小华（2008）得出结果表 7.8 和表 7.9 所示。

表 7.8　　　　　　　　　　门限协整检验结果

方法	τ	ρ_1	ρ_2	γ_1	AIC	ϕ	ψ
TAR	0	−0.579 (−4.411)	−0.217 (−2.654**)	0.318 (3.042**)	−4.972	12.478**	5.869** (0.018)
TAR	0.02	−0.686 (−4.824)	−0.212 (−2.740**)	0.339 (3.283**)	−5.008	14.464**	9.146** (0.003)
MTAR	−0.020	−0.424 (−4.970)	−0.073 (−0.601)	0.192 (1.786)	−4.972	12.448**	5.819*** (0.018)
MTAR	0	−0.415 (−4.539)	−0.155 (−1.380)	0.220 (2.045)	−4.944	10.984	3.403 (0.069)

注：ϕ 表示 $\rho_1=\rho_2=0$ 时的 F 值，ψ 为 $\rho_1=\rho_2$ 时的 F 值，ψ 对应括号内为 P 值，* 表示 10% 显著性水平，** 表示 5% 显著性水平，*** 表示 1% 显著性水平。

表 7.9　　　　　　　　Enders – Siklos 临界值表（2001）

临界值	TAR ($t=0$) ϕ	TAR ($t=0$) t−Max	TAR (t 未知) ϕ	TAR (t 未知) t−Max	M−TAR ($t=0$) ϕ	M−TAR ($t=0$) t−Max	M−TAR (t 未知) ϕ	M−TAR (t 未知) t−Max
10%	4.88	−1.90	5.92	−1.61	5.32	−1.75	5.57	−1.67
5%	5.79	−2.10	6.93	−1.86	6.28	−1.99	6.63	−1.91
1%	7.81	−2.51	9.18	−2.33	8.4	−2.42	8.84	−2.37

注：上表临界值 $t=0$ 样本量为 500，$t\neq 0$ 样本量为 250。

根据表 7.8 和表 7.9 所示，在 $t=0$、$t\neq 0$ 时，MTAR 检验结果表明温州民间借贷利率与官方 PMI 之间不存在协整关系。

而无论 $t=0$ 或者 $t\neq 0$，TAR 模型都表明温州民间借贷利率与官方 PMI

第7章 温州指数的宏观信息价值研究

之间存在协整关系，在$t=0$时，$\rho_1=-0.579$，$\rho_2=-0.217$均小于0，说明μ_t是收敛的，ρ_1和ρ_2对应的t值显著，说明ρ_1和ρ_2显著为负，在5%水平下，拒绝两者之间不存在协整的原假设，因此，TAR检验结果表明两者之间存在一个门限协整，具体如下。

$$\Delta\hat{\mu}_t = -0.579 M_t \hat{\mu}_{t-1} - 0.217(1-M_t)\hat{\mu}_{t-1} + 0.318\Delta\hat{\mu}_{t-1} + \varepsilon_t \quad (7.9)$$
$$\text{T值}\quad(-4.411^{**})\quad(-2.654^{***})\quad(3.042^{**})$$

其中，M_t满足条件$M_t=\begin{cases}1 & \mu_{t-1}\geq 0\\ 0 & \mu_{t-1}<0\end{cases}$

ψ（检验$\rho_1=\rho_2$的F统计量）值为5.869，其P值为0.018，说明$\rho_1\neq\rho_2$，ρ_1的绝对值也远远大于ρ_2的绝对值，说明温州民间借贷利率与官方PMI在偏离均衡关系时其调整回归的速度是非对称的。当温州民间借贷利率与官方PMI偏离均衡时候，其变化存在惯性趋势。当民间借贷利率与官方PMI偏离均衡增加时，其调整回均衡的速度较慢；当偏离均衡程度较少时，会较快地调整回到均衡关系。

同样，在$t\neq 0$时，t的估计值为0.02，ρ_1、ρ_2均小于0，说明μ_t是收敛的，ρ_1和ρ_2对应的t值都显著，因此ρ_1和ρ_2显著为负，在1%下拒绝两者之间不存在协整的原假设，即TAR检验表明两者之间存在一个门限协整关系。关系式如下

$$\Delta\hat{\mu}_t = -0.686 M_t \hat{\mu}_{t-1} - 0.212(1-M_t)\hat{\mu}_{t-1} + 0.339\Delta\hat{\mu}_{t-1} + \varepsilon_t$$
$$(7.10)$$
$$\text{T值}\quad(-4.824^{**})\quad(-2.740^{***})\quad(3.283^{**})$$

其中，M_t满足条件$M_t=\begin{cases}1 & \mu_{t-1}\geq 0.02\\ 0 & \mu_{t-1}<0.02\end{cases}$

ψ（检验$\rho_1=\rho_2$的F统计量）值为9.146，其P值为0.003，说明$\rho_1\neq\rho_2$，温州民间借贷利率与官方PMI在偏离均衡关系时其调整回均衡的系数也是非对称的。

分析上述现象产生的原因，本书认为，当经济波动比较剧烈时，民营企业家对温州民间借贷利率下跌的反应与上升的反应程度是不一样的，民营企

业家对温州民间借贷利率上涨的反应比下跌时要大得多。这一非对称调整过程可能的解释是，当民间借贷利率高于预期时，大部分民营企业家已经习惯于过好日子，对经济衰退估计不足，在迅速收缩产能、消化库存等方面做得不充分，PMI 指数下降较慢，因此调整时间较长。当民间借贷利率低于预期时，许多企业家养成在发展中扩大投资的惯性，因此，PMI 指数较高。他们会大量融资，迅速扩大产能，民间借贷利率上涨较快，调整时间较短。

同样，实证发现汇丰 PMI 与温州民间借贷利率之间不存在门限协整，民营企业家对 PMI 指数上涨下跌变化的反应是一致的，可能是汇丰 PMI 中小企业的样本较多，充分反映了民营企业家的预期。这也可从 Granger 因果检验的结果来说明，在 10% 概率，滞后期 1、2、3 下得到温州民间利率与拆借市场利差变化都是汇丰 PMI 变化的 Granger 原因，见表 7.10 和表 7.11 所示。

表 7.10　温州民间利率与拆借市场利差（DR1）与汇丰 PMI（DGAPLILV）的 Granger 因果检验结果

零假设	样本数	F-统计量	概率
DR1 不是 DGAPLILV 的格兰杰成因	75	0.01741	0.8954
DGAPLILV 不是 DR1 的格兰杰成因		3.38162	0.0701
DR1 不是 DGAPLILV 的格兰杰成因	74	0.10512	0.9004
DGAPLILV 不是 DR1 的格兰杰成因		3.38409	0.0396
DR1 不是 DGAPLILV 的格兰杰成因	73	0.13781	0.9371
DGAPLILV 不是 DR1 的格兰杰成因		2.15834	0.1013

资料来源：EViews 输出结果。

而见表 7.11 所示，该利差变化与官方 PMI 不存在 Granger 因果关系。

表 7.11　温州民间利率与拆借市场利差（DR10）与官方 PMI（DGAPLILV）的 Granger 因果检验结果

零假设	样本数	F-统计量	概率
DR10 不是 DGAPLILV 的格兰杰成因	75	0.00124	0.9720
DGAPLILV 不是 DR10 的格兰杰成因		0.37366	0.5429

第 7 章　温州指数的宏观信息价值研究

续表

零假设	样本数	F-统计量	概率
DR10 不是 DGAPLILV 的格兰杰成因	74	0.22067	0.8025
DGAPLILV 不是 DR10 的格兰杰成因		0.81669	0.4461
DR10 不是 DGAPLILV 的格兰杰成因	73	0.14897	0.9300
DGAPLILV 不是 DR10 的格兰杰成因		0.54551	0.6529

资料来源：EViews 输出结果。

这说明汇丰 PMI 较全面地包含了温州民间借贷利率的信息，而官方 PMI 所包含温州民间借贷利率的信息较少，这些与前面结论相一致。

2. 金融改革后信息价值分析

在预测官方与汇丰 PMI 差异的信息价值分析。中国物流与采购联合会、国家统计局服务业调查中心每月联合发布的官方 PMI 与汇丰银行公布的 PMI 常出现差异，本书引入温州指数对该差异进行分析。两处 PMI 数据及其差异（GAP）图显示汇丰 PMI 与官方 PMI 走势大致趋同，如图 7.4 所示。

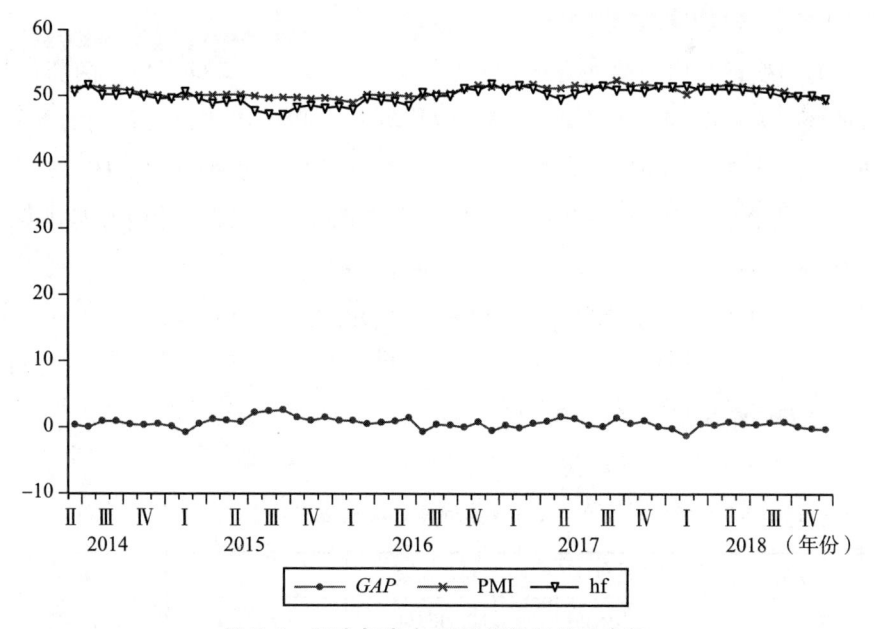

图 7.4　汇丰与官方 PMI 指数及差异走势

资料来源：中国物流与采购联合会、国家统计局服务业调查中心（http://www.stats.gov.cn）。

经测算各变量的自相关系数见表 7.12 所示。

表 7.12　　　　　　　　　　变量及其自相关系数

变量名称	PMI 指数差异	温州指数	汇丰 PMI 指数	官方 PMI 指数	上海银行间同业拆借利率	官方贷款利率
变量简称	GAP	R	R1	R10	shibor	dk
自相关系数	0.49	0.96	0.81	0.83	0.82	0.95
均值	0.61	17.46	50.1	50.7	2.79	4.62
中位数	0.5	16.65	50.2	50.8	2.67	4.3
最大值	2.6	20.44	51.9	52.4	4.55	5.77
最小值	-1.3	15.39	47.2	49	2.10	4.3
标准差	0.74	1.79	1.18	0.82	0.53	0.53
偏度	0.26	0.33	-0.68	-0.02	1.70	1.32
峰度	3.83	1.44	2.73	1.81	5.78	3.01

资料来源：中国物流与采购联合会、国家统计局服务业调查中心（http://www.stats.gov.cn）。

对两变量采用均值相等的检验后，发现 $t\text{-}test = -2.087617$，两变量相等的概率为 0.0384，说明官方 PMI 指数与汇丰 PMI 指数存在较大的差异。通过 ADF 检验，发现汇丰 PMI 和官方 PMI 不是平稳数列，而 GAP、$d(r)$、$d(dk)$ 是平稳数列，因此不能直接回归或者 Granger 检验。我们考察其差异 $GAP = official - hf$ 影响因素，建立如下的回归模型。

$$GAP_t = \alpha + \beta_1 GAP_{t-1} + \beta_2 D(R) + \beta_3 D(DK) + \beta_4 D(libor) + \mu_t$$

(7.11)

其回归结果见表 7.13 所示。

表 7.13　　　　　　　　　GAP 影响因素回归结果

变量	系数	标准误差	t 值	概率
GAP(-1)	0.435633	0.113384	3.842111	0.0004
DR(-1)	-0.400788	0.318600	-1.257966	0.2144

第7章 温州指数的宏观信息价值研究

续表

变量	系数	标准误差	t 值	概率
C	0.478987	0.091467	5.236724	0.0000
DDK	-3.738401	1.297134	-2.882047	0.0058
DSHIBOR	-0.465709	0.265038	-1.757140	0.0851
R^2	0.407254	Mean dependent var		0.611111

可以得出，GAP 可以被上一期差异、上一期温州指数变化、当期官方贷款利率的变化、当期银行间同业拆借利率（以下简称拆借利率）解释 40%左右的信息量。其差异与上一期温州指数的变化和拆借利率负相关，与同期贷款利率的变化呈现正相关。但是温州指数的系数不够显著，效果差于之前利用温州民间借贷利率的信息价值，可能的原因有：财新指数替代之前的汇丰指数，两者的指数计算方法以及样本的采集有所差异，造成最后指数结果的不一致。

可能的原因：若温州指数（或者拆借利率）上升，由于此利率是企业家融资行为的结果，说明中小企业的企业家比国有企业更看好未来的前景，所以汇丰 PMI 较大，GAP 降低，两者呈现负相关。相反，当贷款利率是官方制定的，企业家只能被动接受。如果官方利率上升，说明政府压制过热的经济，代表国有企业的官方 PMI 变化大于代表中小企业的汇丰 PMI，因此 GAP 会减小，两者呈现负相关关系。

为了进一步增强说服力，我们从另外一个角度进行分析，用民间借贷利率（地下金融）与官方金融的利差来建立模型。

$$GAP_t = \alpha + \beta_1 DGAP + \beta_2 D(GAPGF) + \beta_3 GAPLILV(-1) + \mu_t \quad (7.12)$$

其中，GAPGF 为拆借利率与官方贷款利率之差，GAPLILV 为温州指数与拆借利率之差。

回归结果见表 7.14 所示。

表 7.14　　　　　　　基于公式 (7.12) 的 EViews 结果

变量	相关系数	标准误	t 值	概率
$D(GAPGF)$	-0.286752	0.257121	-1.115242	0.2701
$GAPLILV(-1)$	0.148737	0.048824	3.046384	0.0037
$DGAP$	0.501105	0.111972	4.475276	0.0000
C	-1.563554	0.721393	-2.167411	0.0350
R^2	0.382301	Mean dependent var		0.611111

从上述实证结果发现：GAP 可以被其差异的一阶差分、正常官方利差及民间正常金融利差的变化解释 38% 以上的信息量。该差异与正常官方利差呈现负相关，与正常金融利差的变化呈正相关。这两个指标都是表明金融二元化程度的指标，当正常官方利差增大，则会导致两项 PMI 指数的差异减小。也就是说如果拆借市场利率变化大于官方贷款利率变化，大部分民营企业贷款成本变化较大，因此两项 PMI 指数的差异就越小。当民间正常金融利差增大时，会导致 PMI 指数的差异增大。也就是说，当民营企业愿意以较大的金融利差借入资金时（此时资金借入成本较大），表明企业的信心指数较大，PMI 指数的差异增大。

基于门限协整的温州指数与官方、汇丰 PMI 关系差异分析。

门限协整实证过程和结果分析。

先就两个变量进行一元回归，$Y = -c + a \cdot X + \mu_t$，这里 Y、X 分别表示温州指数和官方 PMI，残差为 $\{\mu_t\}$，定义 Heaviside 示性函数：

$$I_t = \begin{cases} 1 & \mu_{t-1} \geq \tau \\ 0 & \mu_{t-1} < \tau \end{cases} \quad 或 \quad M_t = \begin{cases} 1 & \Delta\mu_{t-1} \geq \tau \\ 0 & \Delta\mu_{t-1} < \tau \end{cases}$$

分别对两变量进行门限协整和惯性—门限协整的检验，即对下式模型进行估计：

$$\Delta\mu_t = I_t \rho_1 \mu_{t-1} + (1 - I_t) \rho_2 \mu_{t-1} + \sum_{i=1}^{p} \gamma_i \Delta\mu_{t-i} + \varepsilon_t \tag{7.13}$$

$$\Delta\mu_t = M_t \rho_1 \mu_{t-1} + (1 - M_t) \rho_2 \mu_{t-1} + \sum_{i=1}^{p} \gamma_i \Delta\mu_{t-i} + \varepsilon_t \tag{7.14}$$

第7章 温州指数的宏观信息价值研究

根据 AIC 准则，得到滞后项阶数 $p = 1$。然后，分别对 $t = 0$ 和不为 0，采用 Enders 和 Siklos（2001）提供的方法，分别对 TAR 和 MTAR 两个模型估计，采用 EViews10.0 软件编程计算，程序见徐小华（2008）得出结果，见表 7.15 和表 7.16 所示。

表 7.15　　　　　　　　　　门限协整检验结果

方法	t	ρ_1	ρ_2	γ_1	ϕ	ψ
TAR	0	-1.412 (-5.229**)	-0.868 (-3.881**)	0.025 (0.178)	3.717**	15.97**
	-0.247	-1.475 (-5.778**)	-0.792 (-3.55**)	0.0678 (0.495)	6.188**	17.87**
MTAR	-0.020	-0.424 (-4.970)	-0.073 (-0.601)	0.192 (1.786)	12.448**	5.819**
	0	-0.035843 (-1.1411)	-0.028541 (-1.0169)	0.022902 (0.1663)	0.03	1.168

注：* 表示 10% 显著性水平，** 表示 5% 显著性水平，*** 表示 1% 显著性水平。

根据表 7.9 和表 7.15，在 $t = 0$、$t \neq 0$ 时，MTAR 检验结果表明温州指数与官方 PMI 之间不存在协整关系。

而无论 $t = 0$ 或 $t \neq 0$，TAR 模型都表明温州指数与官方 PMI 之间存在协整关系，在 $t = 0$ 时，$r_1 = -1.412$，$r_2 = -0.868$ 均小于 0，说明 m_t 是收敛的，r_1 和 r_2 对应的 t 值显著，说明 r_1 和 r_2 显著为负，在 5% 水平下，拒绝两者之间不存在协整的原假设，因此，TAR 检验结果表明两者之间存在一个门限协整，具体如下

$$\Delta\mu_t = -1.475 M_t \mu_{t-1} - (-0.868) \times (1 - M_t)\mu_t + 0.025 \Delta\mu_{t-1} + \varepsilon_t \quad (7.15)$$
$$\text{T 值}\quad (-5.229**) \qquad\qquad (-3.881**) \qquad (0.178)$$

其中，M_t 满足条件 $M_t = \begin{cases} 1 & \mu_{t-1} \geq 0 \\ 0 & \mu_{t-1} < 0 \end{cases}$

Ψ（检验 $r_1 = r_2$ 的 F 统计量）值为 3.717，说明 $r_1 \neq r_2$，r_1 的绝对值也

远远大于 r_2 的绝对值,说明温州指数与官方 PMI 在偏离均衡关系时其调整回归的速度是非对称的。当温州指数与官方 PMI 偏离均衡时候,其变化存在惯性趋势。当民间借贷利率与官方 PMI 偏离均衡增加时,其调整回均衡的速度较慢;当偏离均衡程度较少时,会较快地调整回到均衡关系。

同样,在 $t \neq 0$ 时,t 的估计值为 -0.247,ρ_1、ρ_2 均小于 0,说明 μ_t 是收敛的,ρ_1 和 ρ_2 对应的 t 值都显著,因此 ρ_1 和 ρ_2 显著为负,在 5% 下拒绝两者之间不存在协整的原假设,即 TAR 检验表明两者之间存在一个门限协整关系。关系式如下

$$\Delta\mu_t = -1.412 M_t \mu_{t-1} - (-0.792) \cdot (1 - M_t)\mu_t + 0.0678\Delta\mu_{t-1} + \varepsilon_t$$
T 值 (-5.778^{**}) (-2.740^{**}) (0.495)

其中,M_t 满足条件 $M_t = \begin{cases} 1 & \mu_{t-1} \geq -0.247 \\ 0 & \mu_{t-1} < -0.247 \end{cases}$

Ψ(检验 $\rho_1 = \rho_2$ 的 F 统计量)值为 6.188,说明 $\rho_1 \neq \rho_2$,温州指数与官方 PMI 在偏离均衡关系时其调整回均衡的系数也是非对称的。

分析上述现象产生的原因,本书认为,当经济波动比较剧烈时,民营企业家对温州指数下跌的反应与上升的反应程度是不一样的,民营企业家对温州指数上涨的反应比下跌时要大。这一非对称调整过程可能的解释是,当民间借贷利率高于预期时,大部分民营企业家已经习惯于过好日子,对经济衰退估计不足,在迅速收缩产能、消化库存等方面做得不足,PMI 指数下降较慢,因此调整时间较长。当民间借贷利率低于预期时,许多企业家养成在发展中扩大投资的惯性,因此,PMI 指数较高。他们会大量融资,迅速扩大产能,民间借贷利率上涨较快,调整时间较短。

同样的,实证发现汇丰 PMI 与温州指数之间不存门限协整,民营企业家对 PMI 指数上涨下跌变化的反应是一致的,可能是汇丰 PMI 中小企业的样本较多,充分反映了民营企业家的预期。这也可从 Granger 因果检验的结果来说明,在 5% 显著性水平下,滞后期 1、2、4 下得到温州民间利率与拆借市场利差变化都是汇丰 PMI 变化的 Granger 原因,见表 7.16 所示。

第7章 温州指数的宏观信息价值研究

表7.16　温州民间利率与拆借市场利差（RGAP）与
　　　　汇丰PMI（HF）的Granger因果检验结果

零假设	样本数	F-统计量	概率
HF 不是 RGAP 的格兰杰成因	54	0.37600	0.5425
RGAP 不是 HF 的格兰杰成因		5.46927	0.0233
HF 不是 RGAP 的格兰杰成因	53	0.21193	0.8098
RGAP 不是 HF 的格兰杰成因		4.34950	0.0184
HF 不是 RGAP 的格兰杰成因	51	0.65570	0.6262
RGAP 不是 HF 的格兰杰成因		3.46574	0.0156

资料来源：EViews 输出结果。

而如表7.17所示，该利差变化与官方PMI不存在Granger因果关系（5%显著性水平）。

表7.17　温州民间利率与拆借市场利差（RGAP）与
　　　　官方PMI（PMI）的Granger因果检验结果

零假设	样本数	F-统计量	概率
PMI 不是 RGAP 的格兰杰成因	54	0.37185	0.5447
RGAP 不是 PMI 的格兰杰成因		3.5328	0.0729
PMI 不是 RGAP 的格兰杰成因	53	0.29604	0.7451
RGAP 不是 PMI 的格兰杰成因		2.98230	0.0601
DR10 不是 DGAPLILV 的格兰杰成因	51	0.56038	0.6926
DGAPLILV 不是 DR10 的格兰杰成因		2.46192	0.0598

资料来源：EViews 输出结果。

这说明汇丰PMI较全面地包含了温州指数的信息，而官方PMI所包含温州指数的信息较少，这些与前面结论相一致。

上述实证结果进一步证实，温州经济是民营主导经济发展模式的代表，温州商人遍布全国，温州模式影响极广，这些使得温州指数在国内影响较大，具有一定的导向作用。当然，需要指出的是，由于温州指数的样本局限于温州，而汇丰 PMI 指数的样本虽然以中小企业居多，但并不局限于温州，因此，它们之间还是有一定差别的，有待进一步研究。

本章"温州指数利率期限结构的信息价值"中，关于门限协整估计的 EViews 程序，见附录 C。

第 8 章
温州指数的利差应用研究

8.1 民间借贷与正规金融利差的应用研究

我国金融呈现二元化格局，金融二元化——金融抑制理论是解释民间借贷产生的理论之一。通过前面的分析，可知温州指数的近期利率水平是 15%~16%，P2P 网贷的平均利率水平降到了 10% 以下，但相比目前 4.35% 的银行贷款基准利率，依然处于较高水平。在经济前景不明朗的情况下，银行对中小企业放贷的审查更加严格，更倾向于向具有实力的国有企业放贷。中小企业出于经营需求，不得不从民间借贷途径取得资金周转。但当人们预期经济好转的时候，正规金融渠道的贷款更容易被获得，民间借贷的需求降低，民间借贷利率将降至一个较低的均衡水平。基于上述假设，民间借贷与正规金融的利差降低，反映出人们对宏观经济的前景更看好。作为民间借贷利率指数的应用之一，下面将对此进行实证研究。

1. 变量选取与构造

样本区间为 2014 年 1 月至 2017 年 3 月。变量为温州指数 RWZ 与贷款基准利率 RLOAN 的利差 GAPWZ 的函数 FGAPWZ、消费者信心指数 CCI、PMI（采购经理指数）。数据分别来源于温州指数网站、中国人民银行网站、Wind 资讯。

其中构造变量 FGAPWZ，其计算公式如下：

$$FGAPWZ_t = \frac{10}{GAPWZ_t} = \frac{10}{RWZ_t - RLOAN_t} \qquad (8.1)$$

$GAPWZ$ 为温州指数 RWZ 和贷款基准利率 $RLOAN$ 的利差。$FGAPWZ$ 为利差的反函数。

假设：在金融抑制理论的分析框架下，民间借贷与正规金融的利差降低，往往是由于正规金融渠道的贷款更容易被获得，此时信贷市场主体（如银行）对宏观经济的前景更加看好。因此，利差的反函数 $1/GAP$ 可以衡量市场对宏观经济的正向预期，见表 8.1 和图 8.1 所示。

注：为了使观察更方便，这里采用 $10/GAP$ 作为利差的反函数。

表 8.1　　　　　　　　各变量及其名称

名称	变量
FGAPWZ	利差的函数
CCI	消费者信心指数
PMI	采购经理指数

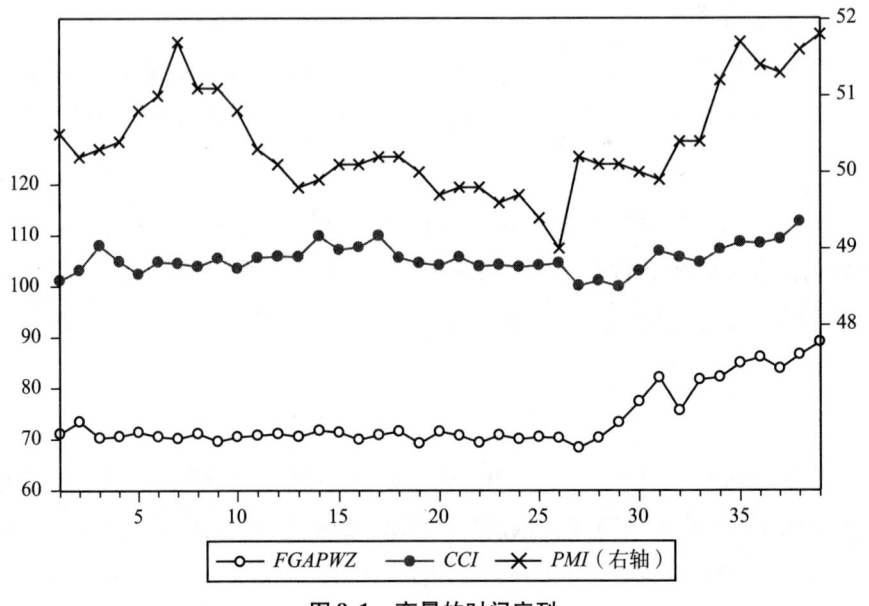

图 8.1　变量的时间序列

2. 计量过程及结论

（1）单位根检验。具体内容见表8.2所示。

表8.2 平稳性检验结果

变量	(c, t, k)	ADF统计量	临界值 1%	临界值 5%	临界值 10%	P值	结论
FGAPWZ	(0, 0, 0)	1.266932	-2.62724	-1.94986	-1.61147	0.9452	不平稳
CCI	(c, 0, 0)	-2.2353	-3.62102	-2.94343	-2.61026	0.1978	不平稳
PMI	(0, 0, 0)	0.5649	-2.62724	-1.94986	-1.61147	0.8339	不平稳
DFGAPWZ	(c, t, 0)	-9.25393***	-4.22682	-3.5366	-3.20032	0	平稳
DCCI	(0, 0, 0)	-6.96708***	-2.63076	-1.95039	-1.6112	0	平稳
DPMI	(0, 0, 0)	-6.16677***	-2.62896	-1.95012	-1.61134	0	平稳

注：*表示10%显著性水平，**表示5%显著性水平，***表示1%显著性水平。

GAPWZ、CCI、PMI原序列不平稳，一阶差分后平稳，均为一阶单整序列。

（2）协整检验。以FGAPWZ作为被解释变量，分别以CCI和PMI作为解释变量进行回归，并对残差进行平稳性检验，见表8.3所示。

表8.3 残差平稳性检验结果

变量	KPSS统计量	临界值 1%	临界值 5%	临界值 10%	结论（5%显著性水平）
$Resi_{cci}$	0.208031	0.216	0.146	0.119	平稳
$Resi_{pmi}$	0.639048	0.739	0.463	0.347	平稳

KPSS检验显示，FGAPWZ分别与CCI、PMI回归的残差在5%的显著性水平下均接受平稳的原假设，因此FGAPWZ与CCI及PMI之间均存在协整关系。

(3) Granger 因果检验。

①Granger 因果检验原理。格兰杰因果关系检验假设了有关 y 和 x 每一变量的预测的信息，全部包含在这些变量的时间序列之中。检验要求估计以下的回归：

$$Y_t = \sum_{i=1}^{q} a_i x_{t-i} + \sum_{j=1}^{q} \beta_j y_{t-j} + \mu_{1t} \tag{8.1}$$

$$Y_t = \sum_{i=1}^{s} \lambda_i x_{t-i} + \sum_{j=1}^{s} \xi_j y_{t-j} + \mu_{2t} \tag{8.2}$$

其中白噪音 $u1t$ 和 $u2t$ 假定为不相关的。

式（8.1）假定当前 y 与 y 自身以及 x 的过去值有关，而式（8.2）对 x 也假定了类似的行为。

对式（8.1）而言，其零假设 H0：$\alpha1 = \alpha2 = \cdots = \alpha q = 0$。

对式（8.2）而言，其零假设 H0：$\delta1 = \delta2 = \cdots = \delta s = 0$。

②分四种情形讨论。

a. x 是引起 y 变化的原因，即存在由 x 到 y 的单向因果关系。若式（8.1）中滞后的 x 的系数估计值在统计上整体的显著不为零，同时式（8.2）中滞后的 y 的系数估计值在统计上整体的显著为零，则称 x 是引起 y 变化的原因。

b. y 是引起 x 变化的原因，即存在由 y 到 x 的单向因果关系。若式（8.2）中滞后的 y 的系数估计值在统计上整体的显著不为零，同时式（8.1）中滞后的 x 的系数估计值在统计上整体的显著为零，则称 y 是引起 x 变化的原因。

c. x 和 y 互为因果关系，即存在由 x 到 y 的单向因果关系，同时也存在由 y 到 x 的单向因果关系。若式（8.1）中滞后的 x 的系数估计值在统计上整体的显著不为零，同时式（8.2）中滞后的 y 的系数估计值在统计上整体的显著不为零，则称 x 和 y 间存在反馈关系，或者双向因果关系。

d. x 和 y 是独立的，或 x 与 y 间不存在因果关系。若式（8.1）中滞后的 x 的系数估计值在统计上整体的显著为零，同时式（8.2）中滞后的 y 的系数估计值在统计上整体的显著为零，则称 x 和 y 间不存在因果关系。

③格兰杰因果关系检验的步骤。

a. 将当前的 y 对所有的滞后项 y 以及别的变量做回归，即 y 对 y 的滞后项 $yt-1$，$yt-2$，$\cdots$，$yt-q$ 及其他变量的回归，但在这一回归中没有把滞后项 x 包括进来，这是一个受约束的回归。然后从此回归得到受约束的残差平方和 RSSR。

b. 做一个含有滞后项 x 的回归，即在前面的回归式中加进滞后项 x，这是一个无约束的回归，由此回归得到无约束的残差平方和 RSSUR。

c. 零假设是 H0：$\alpha 1 = \alpha 2 = \cdots = \alpha q = 0$，即滞后项 x 不属于此回归。

d. 为了检验此假设，用 F 检验，它遵循自由度为 q 和 $(n-k)$ 的 F 分布。在这里，n 是样本容量，q 等于滞后项 x 的个数，即有约束回归方程中待估参数的个数，k 是无约束回归中待估参数的个数。

e. 如果在选定的显著性水平 α 上计算的 F 值超过临界值 $F\alpha$，则拒绝零假设，这样滞后 x 项就属于此回归，表明 x 是 y 的原因。

f. 同样，为了检验 y 是否是 x 的原因，可将变量 y 与 x 相互替换，重复步骤 a~e。

格兰杰因果关系检验对于滞后期长度的选择有时很敏感。其原因可能是被检验变量的平稳性的影响，或是样本容量的长度的影响。不同的滞后期可能会得到完全不同的检验结果。因此，一般而言，常进行不同滞后期长度的检验，以检验模型中随机干扰项不存在序列相关的滞后期长度来选取滞后期。

格兰杰检验的特点决定了它只能适用于时间序列数据模型的检验，无法检验只有横截面数据时变量间的关系。

可以看出，我们所使用的 Granger 因果检验与其最初的定义已经偏离甚远，削减了很多条件（并且由回归分析方法和 F 检验的使用，我们可以知道还增强了若干的条件），这很可能会导致虚假的格兰杰因果关系。因此，在使用这种方法时，务必检查前提条件，使其尽量能够满足。此外，统计方法并非万能的，评判一个对象，往往需要多种角度的观察。正所谓"兼听则明，偏听则暗"。诚然真相永远只有一个，但是也要靠科学的探索方法。

值得注意的是，格兰杰因果关系检验的结论只是一种预测，是统计意义上的"格兰杰因果性"，而不是真正意义上的因果关系，不能作为肯定或否定因果关系的根据。当然，即使格兰杰因果关系不等于实际因果关系，也并不妨碍其参考价值。因为在经济学中，统计意义上的格兰杰因果关系也是有意义的，对于经济预测等仍然能起一些作用。

由于假设检验的零假设是不存在因果关系的，在该假设下 F 统计量服从 F 分布，因此严格地说，该检验应该称为格兰杰非因果关系检验。

FGAPWZ 与 CCI、PMI 之间均存在协整关系，可以进行 Granger 因果检验。由于 Granger 因果关系检验对滞后期的选择很敏感，因此从滞后一期开始以 FGAPWZ 为被解释变量建立 ADL 模型，并对残差进行 LM 检验，直至残差不存在自相关。经过检验，滞后期分别为 2 和 1，见表 8.4 所示。

表 8.4　　　　　　　　　　Granger 因果检验结果

原假设	观测值	P 值	结论（5%显著性水平）
CCI 不是 FGAPWZ 的格兰杰原因	36	0.0595	不拒绝原假设
FGAPWZ 不是 CCI 的格兰杰原因		0.0192	拒绝原假设
PMI 不是 FGAPWZ 的格兰杰原因	38	0.2455	不拒绝原假设
FGAPWZ 不是 PMI 的格兰杰原因		0.0116	拒绝原假设

对 FGAPWZ 与 CCI、PMI 分别进行 Granger 因果检验，在 5% 的显著性水平下接受 FGAPWZ 是 CCI 和 PMI 的 Granger 原因，表明 FGAPWZ 有助于预测 CCI 和 PMI。

(4) 小结。在民间借贷的金融抑制理论下，如果民间借贷与正规金融的利差降低，反映出人们对宏观经济的前景更看好。基于温州指数，构建民间借贷利率指数与贷款基准利率的利差的函数 FGAPWZ，这一指标是利差的反函数，能够反映民间借贷主体对宏观经济的正向预期。通过单位根检验、协整检验、Granger 因果检验，可以得到以下结论，FGAPWZ 与消费者信心指数、PMI 之间存在协整关系，且 FGAPWZ 是消费者信心指数、PMI 的

Granger 原因。因此，温州指数与正规金融的利差对消费者信心以及 PMI 具有一定的预测作用。

8.2 温州指数与 P2P 网贷指数利差的应用研究

从研究中可以发现 P2P 网贷指数的下降速度快于温州指数，温州指数与网贷指数间存在着利差，下面将研究该利差所含的信息价值。

1. 变量选取与构造

样本区间为 2014 年 5 月至 2017 年 3 月。变量为温州指数 RWZ 与 P2P 网贷指数 RP2P 的利差 X、消费者信心指数 CCI 与中小企业信心指数 SEMI 的差值 Y。数据分别来源于温州指数网站、网贷之家、Wind 资讯。

其中构造变量 X 与变量 Y，计算公式如下

$$X_t = 100 \times (RWZ_t - RP2P_t) \tag{8.3}$$

$$Y_t = 2 \times \text{SEMI}_t - CCI_t \tag{8.4}$$

X 为温州指数 RWZ 和 P2P 网贷指数的利差，Y 为中小企业信心指数 SEMI 与消费者信心指数 CCI 的差值。

注：由于 CCI 的基数为 100，SEMI 的基数为 50，采用式（8.4）的形式表示差值。

假设，温州地区民营经济发达，民间借贷近一半用于中小企业资金周转，因此假设温州指数与中小企业信心指数存在一定联系，反映了投资情况；P2P 网贷多用于个人的日常资金周转，与消费者信心指数存在一定联系，反映了消费的情况。温州指数与 P2P 网贷指数间的利差，反映了市场对于中小企业的风险补偿。具体而言，利差 X 与信心差 Y 之间存在动态调节机制，当期的温州指数走高时，可能是融资者的需求增加导致的，意味着当期中小企业的信心增加；而市场观察到前期的温州指数走高后，对投资的前景会产生负面预期，中小企业的信心会降低，见表 8.5 和图 8.2 所示。

表 8.5　　　　　　　　各变量及其名称

名称	变量
RWZ	温州指数
RP2P	P2P 网贷指数
X	温州指数与 P2P 网贷指数的利差
SEMI	中小企业信心指数
CCI	消费者信心指数
Y	中小企业信心指数与消费者信心指数的差值

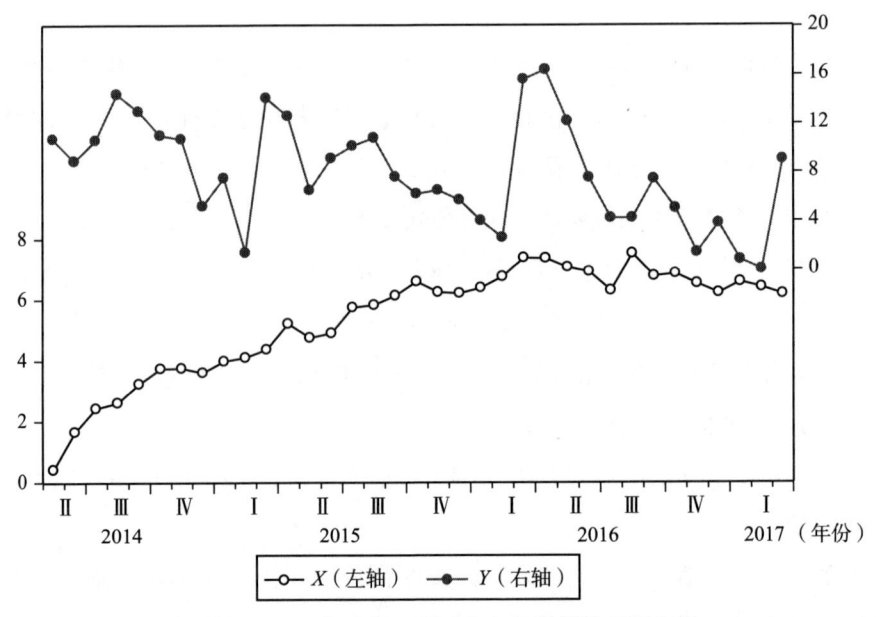

图 8.2　2014 年 5 月～2017 年 3 月变量的时间序列

2. 计量过程及结论

（1）单位根检验。具体内容见表 8.6 所示。

第8章 温州指数的利差应用研究

表8.6　　　　　　　　　　　平稳性检验结果

变量	(c, t, k)	ADF统计量	临界值 1%	临界值 5%	临界值 10%	P值	结论
X	$(c, 0, 0)$	-3.774***	-3.63941	-2.95113	-2.6143	0.0071	平稳
Y	$(c, 0, 0)$	-3.42052**	-3.63941	-2.95113	-2.6143	0.0171	平稳

注：* 表示10%显著性水平，** 表示5%显著性水平，*** 表示1%显著性水平。

在5%显著性水平下，X与Y都为平稳序列，可以对原序列进行回归。

（2）回归方程。以Y为被解释变量，X为解释变量，采用自回归分布滞后回归模型（ADL）对Y进行回归，见表8.7所示。

$$Y_t = \beta_0 + \sum_{i=1}^{q} \beta_i Y_{t-i} + \sum_{j=0}^{s} \alpha_j X_{t-j} + \mu_t \tag{8.5}$$

表8.7　　　　　　　　　　　回归结果

变量	回归系数	标准误	t值	P值
X	4.91027	1.257102	3.90602	0.0005
$X(-3)$	-4.559122	0.933779	-4.882443	0
C	3.61674	3.145483	1.14982	0.2596

剔除不显著的变量后，得到回归结果为

$$Y_t = 4.91X_t - 4.559X_{t-3} - 3.617 \tag{8.6}$$

t：（3.906***）（-4.882***）

$R^2 = 0.49$　　　　DW $= 1.85$

（3）Granger因果检验。X与Y均平稳，可以进行Granger因果检验，见表8.8所示。

表 8.8　　　　　　　　　Granger 因果检验结果

原假设	观测值	F 值	P 值
Y 不是 X 的格兰杰原因	32	1.51573	0.2348
X 不是 Y 的格兰杰原因		3.34653	0.0351

在 3 阶滞后时，5% 的显著性水平下，X 是 Y 的 Granger 原因，表明 X 的三期滞后项有助于解释 Y 的变动，这与回归结果是相符合的。

总而言之，利差 X（温州指数与 P2P 网贷指数的利差）与信心差 Y（中小企业信心指数与消费者信心指数的差值）之间存在动态调节机制，当月的信心差与当月的利差正相关，与前一季度的利差负相关，体现了预期的调节机制，民间借贷利率变化与市场参与主体的信心波动存在动态平衡关系，具有一定的信息应用价值。

相关温州指数的利差应用研究数据，见附录 B。

第 9 章
温州指数未来发展建议

9.1 温州指数现状

在利率市场化加速推进和大数据时代的大背景下、民间借贷利率阳光化、市场化成为大势所趋。"温州指数"作为温州金融改革的一项重要创新举措，自 2012 年 12 月发布以来，在提升民间借贷价格透明度、合理引导民间融资走向方面取得了明显的成效。尤其在 2013 年 6 月正式启动"温州指数"信息管理系统以来，温州指数实现了对民间借贷利率走势的有效监测，逐渐成为民间融资的"风向标"，指数应用价值"溢出效应"明显，并在司法实践中得到应用。

（1）运行中的温州指数，初步形成一支有经验的团队进行良性运转。随着温州指数信息系统开发的上线，温州指数在数据采集、指数计算等方面都实现了计算机化，经过半年的开发与反复测试，温州指数信息系统已经上线，大大提高了数据采集的效率和准确性，也大大降低了人工计算的强度。但是，一个指数的维护需要一个强有力的团队，如今温州指数发布与维护只有三人，工作分工很细，每人都不可或缺，建议适当增加人手，以防有人请假或岗位转变等情况。

（2）温州指数计算的权重和城市必须每年进行调整和维护。一方面，由于经济发展差异，每个城市的民间金融发展水平会发生差异，因此需要调整权重系数。另一方面，温州全国指数联盟参与城市较多，但是许多参与城市没有专人负责指数样本的数据采集，或者没有人可持续负责提供数据，也有许多城市可能后续参与的积极性不高，当然也会有不断新的城市加盟，因此城市要不断进行更新和调整。

(3) 温州指数的可持续运行也需要由专业信息系统公司、温州大学、浙江工业大学教授等继续维护支持，为提高知名度和关注度，建议每年开一到两次指数相关的研讨会，分别从理论和实践方面进行探讨，以充分保障指数的良好运行，同时也为温州指数的价值提升和应用出谋划策。

9.2 存在的问题

1. 科学性还有待进一步加强

在数据采集方面，因借贷信息触及公民个人财产隐私，社会直接借贷等融资主体数据采集工作相对困难。由于指数每日公布，因此指数数据更新频率较快，但民间借贷交易频率不高，无实际交易日数据往往用过去值替代，温州指数的信服力有待提高。

在编程计算方面，目前采用分主体和分期限相结合的二维矩阵加权法，尚未找到有效的方法解决部分主体数据问题。

在监测点布局方面，由于各合作城市监测点不存在行政隶属关系，只能依靠良性沟通，无法用行政手段约束其报送行为，因此部分监测点一定程度上存在数据报送不及时、内容不全、要素丢失等现象，可能影响到指数计算结果准确性。

2. 应用价值有待进一步挖掘和提升

"温州指数"及时发布全国和温州民间借贷综合利率，在引导民间融资利率下行，降低小微企业的融资成本等方面，发挥了积极作用。但在地方民间融资市场主体的预警提示、防范和化解民间融资风险等方面作用还不明显。

3. 影响力有待进一步提高

"温州指数"是以温州金改为契机，自下而上探索出的一套民间融资综合利率监测体系。但由于"温州指数"是由温州牵头、统领各城市能力不足，有"自产自销"的局限性，再加上当前指数运行时间不长、机制不成熟，缺陷也较为明显。同时，专家学者以"温州指数"为主体进行研究，发表在顶级期刊上的论文偏少，在全国的影响力还未达到理想状态。官方网站访问频率较低，指数分析报告影响力有待提高。省内地域经济指数较多，如义乌小商品指数，台州小微金融指数，柯桥轻纺城指数等，但一般都搞得"雷声大，雨点小"，持续关注度不高，温州指数也面临这个问题。

9.3 对策与建议

1. 强化平台支撑，形成"温州指数"编制的长效模式，提升"温州指数"权威性和影响力

（1）结合区域金融发展特点及金融创新成果，重视大数据时代对数据采集和编制的影响，谋划与各种大数据平台的合作，推进指数编制与非现场监管系统的有机结合，对原采价过程进行补偿，利用网络民间信息不断调整和完善"温州指数"指标体系构成，推出完善"温州指数"编制工作机制。

（2）着重对几类交易相对频繁数据，个人建议关注温州地区指数和小额贷款公司利率的数据采集，主打这两个充分市场化的利率。完善指数发布，建议指数以周发布为主，降低缺失数据造成的失真现象。通过发布年报告，召开年会等提高影响力，扩大用户范围和关注度。

（3）数据采集需要更加严谨，完善指数模型和测算体系。严格培训采

集队伍，完善保送流程，建立对采集人员的有效激励机制。适时召开专家研讨会，完善指数模型，必要时甚至可以公开。调整数据采集频率，建议调整为每周采集，同时做好新旧模型的过渡及开发工作。

2. 完善协调机制，形成"温州指数"大统计数据共享格局

（1）加强与银监、人行的沟通协作，深化与统计局等相关职能部门及行业协会的合作。加强数据交换与共享，逐步完善利率监测的口径、范围、种类，形成区域金融大统计数据共享格局，全面反映民间资金支持区域实体经济的真实价格水平。

（2）要扩大应用范围及合作。要与各地城市金融办合作，增加样本代表性，提高数据说服力，尽可能包括国内70大城市，也可以加入网贷指数。条件允许时，建议先走出温州进入浙江，各地市合作报备，共享数据，推出浙江民间利率指数。

（3）与其他浙江地域经济指数合作，尝试构建浙江"大指数"平台。浙江经济是全国经济的"晴雨表"，可以推出"浙江地域经济指数"大平台，以扩大浙江经济的影响力。浙江省内地域经济指数较多，如义乌小商品指数，台州小微金融指数、柯桥轻纺城指数、海宁皮革指数等，各指数分别管理，效率运行不高，业界持续关注度不高。通过各城市合作报备，共享数据，可尝试构建"浙江地域经济指数"大平台，以扩大浙江经济的影响力。同时与"兄弟"指数合作，如广州民间利率指数、P2P网贷指数、中贯福元民间借贷指数，以提高温州指数的"全国"品牌。

3. 创新工作平台，逐步形成"温州指数"运用的长效机制

（1）条件允许时，建议由中国人民银行总行（或由人行杭州中心支行）牵头编制和发布"温州指数"，借助人行系统的监测力量，整合"温州指数"现有资源，优化指数监测布局，提升指数科学性，强化指数编制能力，推广指数应用价值，切实提升民间融资综合利率指数"风向标"的作用，积极为货币政策提供参考信息。

第9章　温州指数未来发展建议

（2）扩大司法实践中的应用范围。温州市中级人民法院发布的《关于贯彻实施〈温州市民间融资管理条例〉的纪要》中第十一条规定，对争议各方利率约定不明、不合法或需要进行调整的，民间融资公共服务机构发布的民间融资综合利率指数"温州指数"，可以作为确定合理民间借贷利率的自由裁量参考依据。近年来，全国各地借贷纠纷频繁，建议先扩大到浙江其他地市进行司法实践应用。

（3）构建民间借贷风险预警机制。鉴于民间借贷在温州地区的重要地位，对其进行紧密的风险监测也是不可缺少的。政府应该对温州指数的监测点上报体系不断完善，不仅要关注监测点的交易数据，还应收集借贷资金的偿还信息，根据温州地区的违约数据，建立风险测度和预警模型，构建温州指数的风险监测和预警体系，以增强社会各界对温州指数的认同感。

（4）完善"温州指数"民间借贷监测体系，建立民间综合征信数据库。加强信息披露，健全民间借贷风险监管，补充借贷资金的及时偿还情况。对于借贷人违反合约、随意更改借款用途或者逾期还贷的，将相关信息纳入民间金融信息的综合征信数据库，推进信息流动，提升民间融资效率。

（5）狠抓内功，提升指数报告质量，挖掘指数蕴含的经济信息价值，尤其扩大指数在货币政策精准调控中的应用。实证研究表明，在温州指数高或低利率区制内，对宏观经济冲击的效应不同，因此政府在实施货币政策时应考虑温州指数的水平，针对实际情况进行精准调控。在进行民间借贷总量调控的同时应配合适当的结构性发力，并加强对民间借贷市场上微观主体的统计、跟踪和监测，在实施政策的过程中保持"方向准确、力度精确"的原则，避免由于政策调控对民间借贷市场乃至实体经济造成不必要的冲击。

（6）适时开发基于"温州指数"的民间金融产品，增加民间金融活跃性。中小微企业可以"温州指数"为利率依据，发行企业债券或短期融资券进行融资。正规金融机构可以参考"温州指数"与其资金供给规模的关系，适当调整资金供给规模，维持金融市场稳定。非金融机构可以适时开发以"温州指数"为定价及交易基准的民间金融产品，来满足普通百姓的需求，增加民间金融的多样性与活跃性。

附录 A 温州指数变动的因素分析数据

第 7 章中温州指数变动的因素分析数据资料如下：

时间	水平因子	斜率因子	曲率因子	半年	月度	季度	年度
2013 年 01 月	4.36	1.41	1.55	18.37	26.45	20.49	16.43
2013 年 02 月	3.33	-0.33	0.86	18.15	25.51	19.48	16.66
2013 年 03 月	2.30	-0.84	0.67	18.19	23.41	19.82	15.65
2013 年 04 月	2.75	-1.43	1.10	17.91	25.20	19.91	15.92
2013 年 05 月	1.87	-0.04	0.50	17.71	23.01	19.10	15.73
2013 年 06 月	1.54	-0.29	0.87	17.32	23.22	19.24	15.22
2013 年 07 月	1.41	-0.53	-0.49	17.64	21.23	19.27	16.07
2013 年 08 月	1.34	-0.73	-0.24	17.58	21.65	19.11	15.91
2013 年 09 月	1.43	-0.53	-0.28	17.73	21.61	19.00	16.00
2013 年 10 月	1.91	0.43	0.22	17.35	22.94	19.01	16.12
2013 年 11 月	2.03	-0.14	0.24	17.58	23.23	19.02	16.21
2013 年 12 月	1.62	0.46	0.04	17.40	22.15	19.01	15.94
2014 年 01 月	2.07	-0.14	-0.77	17.86	21.80	19.15	16.90
2014 年 02 月	2.63	0.22	-0.36	17.99	23.21	18.82	17.19
2014 年 03 月	1.87	-2.19	-0.67	18.01	22.61	18.82	16.96
2014 年 04 月	1.99	-1.10	-0.55	17.07	23.26	18.91	17.18
2014 年 05 月	2.35	0.27	-0.53	17.66	22.38	19.42	16.90
2014 年 06 月	1.82	1.17	-0.40	17.10	21.85	19.15	16.46
2014 年 07 月	1.77	-0.18	-0.23	16.99	22.80	19.00	16.56
2014 年 08 月	1.54	-0.53	0.29	17.15	22.94	19.08	15.85
2014 年 09 月	1.74	0.52	0.24	16.83	22.81	19.44	15.93
2014 年 10 月	1.24	-0.41	-1.04	16.77	21.50	18.63	16.94
2014 年 11 月	0.92	1.37	-0.76	16.78	20.43	18.56	16.17

附录 A 温州指数变动的因素分析数据

续表

时间	水平因子	斜率因子	曲率因子	半年	月度	季度	年度
2014 年 12 月	0.79	-1.31	-0.30	17.28	21.09	19.20	15.54
2015 年 01 月	0.99	0.23	-0.27	17.07	21.37	18.57	15.88
2015 年 02 月	0.30	-1.33	0.29	16.49	21.73	19.04	14.95
2015 年 03 月	0.54	0.76	0.18	16.13	21.25	19.25	15.06
2015 年 04 月	0.49	1.25	0.05	16.56	21.07	18.20	15.32
2015 年 05 月	0.43	2.04	-0.20	16.16	20.63	18.27	15.48
2015 年 06 月	-0.18	2.08	-0.01	16.27	19.95	17.78	14.84
2015 年 07 月	0.52	1.97	-0.20	16.76	20.30	18.22	15.37
2015 年 08 月	-1.11	1.03	0.18	15.94	19.34	17.72	14.02
2015 年 09 月	-0.53	1.82	0.23	15.74	20.21	17.79	14.54
2015 年 10 月	-0.83	0.36	-0.37	15.34	20.16	17.65	15.12
2015 年 11 月	-1.23	1.02	-0.39	15.22	19.42	17.33	14.81
2015 年 12 月	-1.49	0.77	-0.12	14.97	19.75	17.12	14.54
2016 年 01 月	-1.05	0.64	0.11	15.10	20.35	17.71	14.33
2016 年 02 月	-1.86	0.34	0.63	14.10	21.28	16.66	14.16
2016 年 03 月	-0.48	-0.91	-0.54	15.67	21.42	16.86	15.99
2016 年 04 月	-0.37	-1.70	-1.74	15.14	21.39	16.49	17.56
2016 年 05 月	-0.03	0.62	-1.25	15.25	21.03	16.95	16.96
2016 年 06 月	-1.14	-0.80	-1.29	15.24	19.91	16.57	16.19
2016 年 07 月	-2.07	-0.92	-0.60	15.27	18.83	16.90	14.53
2016 年 08 月	-0.07	-0.72	-1.18	15.61	21.41	16.84	16.94
2016 年 09 月	-1.33	-0.02	-0.13	14.96	20.72	16.68	15.02
2016 年 10 月	-1.53	-0.67	0.08	15.09	20.72	16.77	14.64
2016 年 11 月	-2.22	-0.26	-0.11	14.73	19.61	16.44	14.30
2016 年 12 月	-2.12	-1.49	0.67	14.80	21.30	16.30	13.97
2017 年 01 月	-1.46	0.38	1.65	15.78	22.04	15.93	13.38
2017 年 02 月	-1.57	-1.88	1.37	15.63	22.48	16.32	13.69
2017 年 03 月	-1.79	-1.80	1.33	15.61	22.26	15.94	13.65

续表

时间	水平因子	斜率因子	曲率因子	半年	月度	季度	年度
2017年04月	-2.05	-0.43	-0.05	15.31	19.30	16.77	14.08
2017年05月	-2.70	-0.15	-0.64	14.82	17.90	16.61	14.10
2017年06月	-2.30	-0.01	0.38	15.08	19.87	16.03	13.82
2017年07月	-1.99	0.26	0.18	15.11	19.87	16.28	14.15
2017年08月	-2.33	-0.16	0.04	15.05	19.10	16.66	13.83
2017年09月	-1.80	-0.51	0.54	14.79	20.99	16.72	14.10
2017年10月	-2.13	0.99	-0.77	14.30	18.90	16.35	14.96
2017年11月	-2.51	0.75	-0.54	14.63	18.03	16.72	14.13
2017年12月	-2.00	0.39	0.25	14.84	20.21	16.14	14.23
2018年01月	-2.11	0.13	0.45	14.69	20.45	16.23	14.01
2018年02月	-1.81	0.64	0.90	15.32	21.22	15.39	13.99
2018年03月	-1.69	0.16	0.92	14.92	22.01	15.46	14.30

资料来源：Wind 数据库及笔者计算整理。

附录 B　温州指数的利差应用研究数据

第 8 章中温州指数的利差应用研究数据资料如下：

时间	利差的函数	消费者信心指数	采购经理指数	温州指数	网贷指数	存款准备金率	一年期存款基准利率
2014 年 01 月	71.07	101.10	50.50	20.07	19.75	20.00	3.00
2014 年 02 月	73.42	103.10	50.20	19.62	21.63	20.00	3.00
2014 年 03 月	70.22	107.90	50.30	20.24	21.01	20.00	3.00
2014 年 04 月	70.52	104.80	50.40	20.18	20.20	20.00	3.00
2014 年 05 月	71.33	102.30	50.80	20.02	19.60	20.00	3.00
2014 年 06 月	70.47	104.70	51.00	20.19	18.54	20.00	3.00
2014 年 07 月	70.08	104.40	51.70	20.27	17.84	20.00	3.00
2014 年 08 月	71.07	103.80	51.10	20.07	17.46	20.00	3.00
2014 年 09 月	69.54	105.40	51.10	20.38	17.14	20.00	3.00
2014 年 10 月	70.42	103.40	50.80	20.20	16.46	20.00	3.00
2014 年 11 月	70.67	105.50	50.30	20.05	16.30	20.00	2.94
2014 年 12 月	71.02	105.80	50.10	19.68	16.08	20.00	2.75
2015 年 01 月	70.47	105.70	49.80	19.79	15.81	20.00	2.75
2015 年 02 月	71.63	109.80	49.90	19.56	15.46	19.59	2.75
2015 年 03 月	71.28	107.10	50.10	19.38	15.02	19.50	2.50
2015 年 04 月	69.83	107.60	50.10	19.67	14.46	19.07	2.50
2015 年 05 月	70.78	109.90	50.20	19.29	14.54	18.50	2.31
2015 年 06 月	71.46	105.50	50.20	19.07	14.17	18.45	2.23
2015 年 07 月	69.11	104.48	50.00	19.32	13.58	18.00	2.00
2015 年 08 月	71.44	104.00	49.70	18.80	12.98	18.00	1.95
2015 年 09 月	70.62	105.60	49.80	18.76	12.63	17.55	1.75
2015 年 10 月	69.25	103.80	49.80	18.97	12.38	17.36	1.68

续表

时间	利差的函数	消费者信心指数	采购经理指数	温州指数	网贷指数	存款准备金率	一年期存款基准利率
2015年11月	70.72	104.10	49.60	18.49	12.25	17.00	1.50
2015年12月	69.93	103.70	49.70	18.65	12.45	17.00	1.50
2016年01月	70.37	104.00	49.40	18.56	12.18	17.00	1.50
2016年02月	70.13	104.40	49.00	18.61	11.86	17.00	1.50
2016年03月	68.26	100.00	50.20	19.00	11.63	16.50	1.50
2016年04月	70.18	101.00	50.10	18.60	11.24	16.50	1.50
2016年05月	73.15	99.80	50.10	18.02	10.96	16.50	1.50
2016年06月	77.28	102.90	50.00	17.29	10.38	16.50	1.50
2016年07月	82.03	106.80	49.90	16.54	10.25	16.50	1.50
2016年08月	75.53	105.60	50.40	17.59	10.08	16.50	1.50
2016年09月	81.63	104.60	50.40	16.60	9.83	16.50	1.50
2016年10月	82.10	107.20	51.20	16.53	9.68	16.50	1.50
2016年11月	84.89	108.60	51.70	16.13	9.61	16.50	1.50
2016年12月	85.98	108.40	51.40	15.98	9.76	16.50	1.50
2017年01月	83.75	109.20	51.30	16.29	9.71	16.50	1.50
2017年02月	86.51	112.60	51.60	15.91	9.51	16.50	1.50
2017年03月	88.97		51.80	15.59	9.41	16.50	1.50

资料来源：Wind 数据库。

附录 C 门限协整估计的 EViews 程序

①进行门限协整的子程序

'1. 得到残差序列

subroutine resid(series x, series y)

  equation ls_eq.ls y c x

  ls_eq.makeresids u

  delete ls_eq

endsub

2. 残差序列 u 排序,并存入到矩阵 y 中,采用冒泡排序法

subroutine local sortu(series u, matrix y)

！j = 1

！i = 1

scalar nobs = @obs(u)

matrix us

stomna(u, us)

scalar m

    for ！i = 1 to nobs

      for ！j = 1 to nobs - ！i

        if us(！j) > us(！j + 1) then

          m = us(！j)

          us(！j) = us(！j + 1)

          us(！j + 1) = m

---

① 感谢徐寒飞先生的大力协助。

```
            endif
        next
    next
y = us
endsub
```

3. 残差回归

```
subroutine local olsresid(series x, scalar t, scalar y, scalar m)
series I
series x1
series x2
series dx
dx = d(x)
I = (x(-1) >= t) * (1 - m) + (dx(-1) >= t) * m
x1 = I * x(-1)
x2 = (1 - I) * x(-1)
equation ls_u.ls dx = c(1) * x1 + c(2) * x2 + c(3) * dx(-1)
y = ls_u.@ssr
endsub
```

4. 得到使得 SSR 最小的门限后，进行模型估计

```
subroutine local olsr(series u, scalar t, table result, scalar m)
series I
series u1
series u2
series du
if m = 1 then
    %ms = "MTAR"
```

附录 C 门限协整估计的 EViews 程序

else

    %ms = "TAR"

endif

du = d(u)

I = (u(-1) >= t) * (1 - m) + (du(-1) >= t) * m

u1 = I * u(-1)

u2 = (1 - I) * u(-1)

equation ls_u.ls du = c(1) * u1 + c(2) * u2 + c(3) * du(-1)

scalar indicator

    indicator = @val(result(1,1)) + 1

    result(1,1) = @str(indicator)

    result(1,2) = "t"

    result(1,3) = "c(1)"

    result(1,4) = "c(2)"

    result(1,5) = "c(3)"

    result(1,6) = "AIC"

    result(1,7) = "F1:C(1) = C(2) = 0"

    result(1,8) = "F2:C(1) = C(2)(P - value)"

    result(1,9) = "Q(4)"

    result(1,10) = "Q(8)"

    result(1,11) = "Q(12)"

    result(indicator + 1,1) = %ms + "test:du = c(1) * u1 + c(2) * u2 + c(3) * du(-1)"

    result(indicator + 1,2) = t

    result(indicator + 1,3) = @str(ls_u.c(1)) + "(" + @str(ls_u.@tstats(1)) + ")"

    result(indicator + 1,4) = @str(ls_u.c(2)) + "(" + @str(ls_u.@tstats(2)) + ")"

```
        result(indicator + 1,5) = @str(ls_u.c(3)) + "(" + @str(ls_u.@tstats
(3)) + ")"
        result(indicator + 1,6) = ls_u.@aic
        output(f) out
    '输出回归结果,在上面取出相应的数值
        ls_u.wald(p) c(1) = c(2) = 0
        result(indicator + 1,7) = out01(6,2)
        delete out01
        ls_u.wald(p) c(1) = c(2)
        result(indicator + 1,8) = out01(6,2) + "(" + out01(6,4) + ")"
        delete out01
        ls_u.correl(12,p)
        result(indicator + 1,9) = out01(10,7)
        result(indicator + 1,10) = out01(14,7)
        result(indicator + 1,11) = out01(18,7)
        delete out01
    endsub


'5. 门限未知时的协整检验,用所有的门限都进行回归,
'参数 x 为自变量,y 为因变量,m 表示是否为惯性门限,m = 1 为惯性,
tlimit 表示门限是否指定为 0,如果为 tlimit = 0,指定门限为 0
    subroutine Tar(series x,series y,scalar m,scalar tlimit)
    matrix u_s
    call resid(x,y)
    series du = d(u)
    scalar inf = @round(@obs(u) * 0.15)
    scalar sup = @round(@obs(u) * 0.85)
    matrix(sup - inf + 1) u_sr
```

附录 C 门限协整估计的 EViews 程序

```
scalar sr
scalar tmin
scalar tindex
table result_tar
if tlimit = 0 then
    if @val(result_tar(1,1)) > 0 then
        call olsr(u,0,result_tar,m)
    else
        result_tar(1,1) = "0"
        call olsr(u,0,result_tar,m)
    endif
else
    if m = 0 then
    call sortu(u,u_s)
    else
    call sortu(du,u_s)
    endif
! j = 1
for ! i = inf to sup
    call olsresid(u,u_s(!i),sr,m)
    u_sr(!j) = sr
    ! j = ! j + 1
next
tmin = u_sr(1)
tindex = 1
for ! i = 1 to (sup - inf + 1)
        if tmin > u_sr(!i) then
            tmin = u_sr(!i)
```

```
            tindex = ! i
        endif
    next
    if @val(result_tar(1,1)) >0 then
        call olsr(u,u_s(tindex+inf-1),result_tar,m)
    else
        result_tar(1,1) = "0"
        call olsr(u,u_s(tindex+inf-1),result_tar,m)
    endif
endif
delete u_s
delete u_sr
delete inf
delete sup
delete tmin
delete tindex
delete m
endsub
call tar(r10,r1,1,1)
```

参 考 文 献

[1] 陈蔚,巩秀龙.非正规金融利率定价模型基于中国民间分割市场的实证研究[C].第十二届中国管理科学学术年会,2010 (11): 273 - 276.

[2] 陈志刚.民间借贷与中国金融调控[J].武汉金融,2006 (5): 11 - 14.

[3] 程昆.非正规金融利率决定机制——一个信息基本对称的 NASH 议价解析[J].上海经济研究,2006 (5): 37 - 45.

[4] 单惟婷,沈宏斌.温州民间借贷利率的影响因素实证分析[J].上海金融,2013 (10): 108 - 109.

[5] 丁骋骋,邱瑾.民间借贷利率期限结构之谜——基于温州民间借贷利率监测数据的解释[J].财贸经济,2012 (10): 48 - 56.

[6] 董晓林,杨小丽.农村金融市场结构与中小企业信贷可获性——基于江苏县域的经济数据[J].中国农村经济,2011 (5): 82 - 92, 96.

[7] 郭斌,刘曼路.民间金融与中小企业发展:对温州的实证分析[J].经济研究,2002 (10): 40 - 46, 95.

[8] 韩全乡.相对差距和法综合评价医院感染工作[J].现代预防医学,2002, 29 (5): 643 - 644.

[9] 雷舰.我国 P2P 网贷行业发展现状、问题及监管对策[J].国际金融,2014 (8): 71 - 76.

[10] 李富有,匡桦.基于短期局部均衡的民间金融高利率解释[J].经济经纬,2010 (1): 128 - 131.

[11] 李富有,孙晨辉.银行信贷资金变相流入民间借贷市场的影响效

应——基于存在寻租行为的分析 [J]. 西安交通大学学报（社会科学版），2013（3）：17-21，59.

[12] 李庆继. 基于温州指数的温州民间信贷研究 [D]. 西安：西安电子科技大学，2014.

[13] 林毅夫，孙希芳. 信息、非正规金融与中小企业融资 [J]. 经济研究，2005（7）：35-44.

[14] 刘磊. 温州民间借贷探析——兼析温州金融综合改革试验 [J]. 西南民族大学学报（人文社科版），2012，33（10）：133-136.

[15] 刘民权，徐忠，俞建拖. 信贷市场中的非正规金融 [J]. 世界经济，2003（7）：61-73，80.

[16] 刘民权，俞建拖. 中国农村金融市场研究 [M]. 北京：中国人民大学出版社，2006.

[17] 刘西川，陈立辉. 风险防范中的非利率条件、业缘型社会关系和关联性交易——基于温州民间借贷的经验考察 [J]. 财贸研究，2012（5）：4-11.

[18] 刘义圣. 中国资本市场的多功能定位与发展战略 [M]. 北京：社会科学文献出版社，2006.

[19] 钱金叶，杨飞. 中国P2P网络借贷的发展现状及前景 [J]. 金融论坛，2012（1）：46-51.

[20] 钱水止，陆会. 农村非正规金融的发展与农户融资行为研究——基于温州农村地区的调查分析 [J]. 金融研究，2008（10）：174-185.

[21] 施慧洪，黄艺伟. 我国P2P网贷的主要模式、案例分析及比较 [J]. 商业经济研究，2015（34）：88-90.

[22] 史清华，陈凯. 欠发达地区农民借贷行为的实证分析——山西745户农民家庭的借贷行为的调查 [J]. 农业经济问题，2002（10）：29-35.

[23] [印] 苏布拉塔·加塔克，肯·英格森特. 农业与经济发展 [M]. 吴伟东，等译. 北京：华夏出版社，1987.

[24] 王晖，陈丽，陈垦，等. 多指标综合评价方法及权重系数的选择

[J]. 广东药学院学报, 2007, 23 (5): 583-589.

[25] 王建文, 黄震. 论中国民间借贷存在的依据、问题及规制路径 [J]. 重庆大学学报 (社会科学版), 2013 (19): 25-31.

[26] 王朋月, 李钧. 美国 P2P 借贷平台发展: 历史、现状与展望 [J]. 金融监管研究, 2013 (7): 26-39.

[27] 王权, 徐小华. 温州民间借贷利率的信息价值研究 [J]. 价格理论与实践, 2014 (4): 103-105.

[28] 王一鸣, 李敏波. 非正规金融市场借贷利率决定行为: 一个新分析框架 [J]. 金融研究, 2005 (7): 12-23.

[29] 魏源. 中国农村民间借贷市场利率定价模型的经验分析 [J]. 财经问题研究, 2013 (10): 83-90.

[30] 严金燕, 罗书练, 贾氢, 等. 应用层次分析加权法综合评价临床科室工作 [J]. 临床军医杂志, 2002, 30 (1): 62-64.

[31] 姚耀军. 非正规金融市场: 反应性还是自主性?——基于温州民间利率的经验研究 [J]. 财经研究, 2009 (4): 38-48.

[32] 叶茜茜. 影响民间金融利率波动因素分析——以温州为例 [J]. 经济学家, 2011 (5): 66-73.

[33] 叶茜茜. 正规金融信贷对民间金融利率的影响分析——以温州为例 [J]. 生产力研究, 2011 (6): 46-48.

[34] 张德强. 民间金融利率监管机制的雏形——来自温州的实践 [J]. 金融发展研究, 2011 (8): 60-64.

[35] 张鸣鑫. 我国民间借贷的利率问题探究 [J]. 法制博览, 2015 (2): 221-222.

[36] 张雪春, 徐忠, 秦朵. 民间借贷利率与民间资本的出路: 温州案例 [J]. 金融研究, 2013 (3): 1-14.

[37] 郑振龙, 林海. 民间金融的利率期限结构和风险分析: 来自标会的检验 [J]. 金融研究, 2005 (4): 133-143.

[38] 中国人民银行广州分行课题组. 从民间借贷到民营金融: 产业组

织与交易规则［J］. 金融研究，2002（10）：101 – 109.

［39］中国人民银行温州市中心支行课题组. 温州民间借贷利率变动影响因素及其监测体系重构研究［J］. 浙江金融，2011（1）：15 – 20.

［40］周明磊，任荣明. 正规金融与民间借贷利率间相互关系的时间序列分析［J］. 统计与决策，2010（1）：126 – 129.

［41］周荣俊. 不同货币政策影响下民间借贷发展的比较分析［J］. 上海金融，2010（1）：92 – 95.

［42］ADB. "Informal Finance in Asia", Asian Development Outlook 1990［R］. Manila：Asian Development Bank, 1990.

［43］Aryeetey E. The Relationship between the Formal and Informal Sectors of the Financial Market in Ghana［J］. African Economic Research Consortium Research, 1996, 10.

［44］Atieno R. Formal and Informal Institutions' Lending Policies and Access to Credit by Small-Scale Enterprises in Kenya：An Empirical Assessment［J］. Research Papers, 2001：110.

［45］Binswanger H. P, Khandker S. R. The impact of formal finance on the rural economy of India［J］. The Journal of Development Studies, 1995, 32（2）：234 – 262.

［46］Bottomley A. Interest Rate Determination in Underdeveloped Rural Areas［J］. American Journal of Agricultural Economics, 1975, 57（2）：279 – 291.

［47］Chung I. Market choice and effective demand for credit：The roles of borrower transaction costs and rationing constraints［J］. Journal of Economic Development, 1995, 20（2）：23 – 44.

［48］Gadanecz B, Kara A, Molyneux P. Asymmetric information among lending syndicate members and the value of repeat lending［J］. Journal of International Financial Markets Institutions & Money, 2012, 22（4）：913 – 935.

［49］Jain S. Symbiosis vs. crowding-out：the interaction of formal and informal credit markets in developing countries［J］. Journal of Development Economics, 1999, 59 (99): 419 – 444.

[50] Jianjun Li, Sara Hsu. Informal Finance in China: American and Chinese Perspectives [M]. London: Oxford University Press, 2009.

[51] Kochar A. An empirical investigation of rationing constraints in rural credit markets in India [J]. Journal of Development Economics, 1997, 53 (2): 339 – 371.

[52] Mushinski D. An analysis of offer functions of banks and credit unions in Guatemala [J]. The journal of Development studies, 1999, 36 (2): 88 – 112.

[53] Ngalawa H, Viegi N. Interaction of formal and informal financial markets in quasi-emerging market economies [J]. Economic Modelling, 2013, 31: 614 – 624.

[54] Siamwalla A, Pinthong C, Poapongsakorn N, et al. The Thai Rural Credit System: Public Subsidies, Private Information, and Segmented Markets [J]. World Bank Economic Review, 1990, 4 (3): 271 – 95.

[55] Steel W. F, Aryeetey E, Hettige H, et al. Informal financial markets under liberalization in four African countries [J]. World Development, 1997, 25 (5): 817 – 830.

[56] Stiglitz, J. E. and Weiss, A. Credit Rationing in Market with Imperfect Information. [J]. The American Economic Review, 1981, 71 (3).

[57] Sunildro L. S. Akoijam. Rural credit: a source of sustainable livelihood of rural India [J]. International journal of social economics, 2013, 40 (1/2): 83 – 97.

[58] William Steel, E. Aryeetey, H. Hettige, and M. Nissanke. Informal-financial markets under liberalization in four African countries [J]. World Development, 1997, 25 (5).

[59] Yaron J, Benjamin M. Developing Rural Financial Markets [J]. Finance & Development, 1997: 40 – 43.

后 记

本书是笔者结合在温州"百人计划"挂职的工作经历和多年来对温州指数（2016年的国家社科基金资助）的研究成果编辑而成的。

在 2011~2012 年温州发生民间金融风波之后，国务院决定对温州进行金融改革，温州方面急需各路金融人才。浙江省委组织部在全省开展"百人计划"，广招全省精英支持温州金融改革。本人有幸作为浙江工业大学的唯一代表，入选"百人计划"，被安排在温州市金融研究院及温州大学金融研究院工作。

在温州市金融办领导及"百人计划"领队吴军的安排下，有幸参与了"温州指数"模型设计及信息系统开发的项目。开发过程中，在温州大学金融研究院的支持下，与温州大学金融研究院的叶永博士通力合作，以及同浙江工业大学毕业生为主的信息公司员工们齐心协力，顺利地开发了信息系统，指数系统能够顺利运行，并且确保指数定时发布，受到当时浙江省领导的肯定。

挂职结束后，我远去美国佛罗里达访学，有幸与温州籍统计学家钱莲芬教授系统学习，提高了统计指数系统设计的理论水平。2016年归国之后，获得国家社会科学基金的资助（基于温州指数的中国民间融资利率指数构建及应用价值研究，16BJY165），因此，近年来一直持续在这方面展开研究工作，并取得了一些成果。在此，我要感谢我的研究生史浩然，吴恩平，王琪和本科学生朱京京、吴然然和朱思思，他们在研究思路、内容及研究成果编辑等方面做了大量的工作，同时，也要感谢经济科学出版社的申先菊女士，我与她在2016年金融工程会议上的一面之缘造就了出版本书的约定，

后　记

然而好事多磨，如今终于约定变成现实，感谢她的大力支持和鼓励。同时，也要感谢我的妻子赵媛媛和女儿白露和儿子梓皓，温州挂职和平时杭州繁忙的教学科研工作，让我很少有时间陪伴远在上海的他们，谢谢他们的理解与支持，这本书也包含着他们的心血。也感谢"百人计划"中几位"挂友"的支持，挂职的点滴生活一直历历在目，"挂友"间的情谊必将终生难忘。最后，也期待各位读者能够多提宝贵意见，我会认真汲取并加以完善。